Dieudonné Asifiwe Chikala

LES MISSIVES

Dieudonné Asifiwe Chikala

LES MISSIVES

Recueil des poèmes

Éditions Muse

Imprint
Any brand names and product names mentioned in this book are subject to trademark, brand or patent protection and are trademarks or registered trademarks of their respective holders. The use of brand names, product names, common names, trade names, product descriptions etc. even without a particular marking in this work is in no way to be construed to mean that such names may be regarded as unrestricted in respect of trademark and brand protection legislation and could thus be used by anyone.

Cover image: www.ingimage.com

Publisher:
Éditions Muse
is a trademark of
Dodo Books Indian Ocean Ltd., member of the OmniScriptum S.R.L Publishing group
str. A.Russo 15, of. 61, Chisinau-2068, Republic of Moldova Europe
Printed at: see last page
ISBN: 978-620-3-86442-7

I. L'EGO

MEIN KAMPF

Les amants font des diables leur silence,
Les martyrs en font leur jardin d'olives
Et le poète, le sujet des missives.
Personne ne sait où vit le démon de défiance.

Garni de larges songes, ma patrie
(Il me faut un cœur briqué qui ne brule)
Est stérile étriqué comme la mule.
Le peuple trempé dans le sépulcre s'écrie.

Les promesses du mal sont un cheval de Troie.
Qui ne connait ni Achille ni Hector,
Intéressé seulement par les mines d'or.

Dans leur dialogue ils ne parlent que de la proie
De notre terre et son drapeau tricolore
Mais ils sont tout ce que le peuple commémore.

Bukavu, 23 mars 2016

DEMAIN C'EST MON JOUR

Il est mauvais sur ma terre, je le sais.
Un corps affamé est un corps résistant
A la vie de bourgeois qui je mépriserais
Et il devient chaque fois encore persistant.

Esclave rêveur de revoir le passé
Supprimé dans le registre de vie
Je rêve le faux demeure se voir effacé
Pourvu que le mal sort de mon envie.

Je me sers donc du présent d'hier,
L'avenir nous réserve tous un air incertain
Qu'on soit infirme, assoiffé ou bien fier
De vivre son temps comme un souverain.

Je vois de loin, étouffant mon isolement
Mon cœur ivre et mon esprit empli d'art

Qu'on échange mutuellement de moment.
Demain sera le mien, je reverrai ma part.

Dites à ceux qui ont décliné ma gloire
Qu'ils auront honte d'éviter ma foire.

J'ai de fois la face d'un singe animé ;
Je ne changerai pas quand ils m'auront aimé.

Rude comme un enfant sincère,
Pour m'aider il faudra qu'on s'y insère.

Ma grandeur vient comme grandissent des chèvres
Je ne mourrai pas sans étouffer ces fièvres.

Vous aimez me voir pleurer. Je pleure !
Mais il faut que le malheur en meure.

Ils m'ont dit haut qu'ils ne m'aiment pas
Mais ils maigriront quand je serai gras.

Honte à qui veut à tout prix mal gagner
Quand mon regret ne va pas m'y épargner.

Ceux qui haïssent ont aujourd'hui la manière,
Hélas, leur souffrance est la dernière.

Bukavu, 8 mai 2016

VISIONNAIRE

Souffrez, vous qui vous taisez.
Enterrez, vous qui creusez.
Capsulez toutes les oreilles
Vous qui connaissez des semailles.

Trainez, vous qui stoppez nos montres,
Jeunez, vous qui gérez vos ventres.
Mourez pour ne plus voir de guerre
Vous qui avez tant vu sur Terre.

Tuez, vous qui avez de main,
Buchez, vous verrez demain.
Pensez, vous qui croyez en vos tètes.
Dansez, vous qui avez des vestes.

Masquez-vous, vous qui avez de dette
Pour endurer votre monde occulte.
Confessez, vous qui devez au peuple
Qui oublie sa vie moins souple.

Aimez, vous qui savez pleurer,
Fumez n'aimez pas respirer.
Vivez, vous qui aimez la mort
Chatouiller la lionne qui dort.

Exaltez, vous qui verrez les cieux.
Gardez, gardez devant vos yeux
La monnaie dans une main
Qui vous préparera du bon pain.

Bukavu, 17 février 2015

MA TETE EST UNE LOURDE VOITURE...

Ma tête est une lourde voiture qui se conduit.
Quand la fausseté du monde infernal la suit,
Comme un serpent innocent de son état
S'assoie sur elle-même et cache son éclat.

Je l'aimai quand elle était ma zone interdite
Contrôlant mon savoir quand je rêvai d'élite
Où j'apparais et je crie à moi-même
Et dans laquelle tout ce que je récolte se sème.

Deux cents fois vielle que moi, elle roule à grande vitesse
Sans que le vent hypocrite ne la transgresse ;
Mais elle vit comme Hugo en dix-neuvième siècle
Sans qu'entreprendre ne quitte son couvercle.

Bukavu, 8 octobre 2020

MEDITATION PARTAGEE

Je n'ai pas eu plus d'une face,
Ce sont les hommes embêtés
Par mon ombre et ma grâce
Qui me voient entêtés
Par quelques engouements immérités.

Souvent à travers les âmes
De mes indivisibles mots
Je les vois, des hommes et des femmes
Inaptes de bâtir leurs foyers sots
S'occupant du voisin et ses lots.

Si en leur solide emblème
Me voir défaillir est leur lutte,
Je déteste à mon tour leur problème
Qu'importe ma laide chute
Même quand je construits seul ma hutte.

Il existe de vieux défauts
Injectés en nous par les anciens,
Il en existe d'assez faux
Que nous donnent des prophètes païens
Conservés dans des coffres des biens.

Ceux qui ont rendu mes sorts aimés
Savent ce qu'ils ont créé en moi.
De leurs efforts ils sont inanimés
Se focalisant sur ma loi.
J'en ai rarement. J'ai une foi :

Le bon monde est immortel,
Hélas qu'il soit loin de nous !
Chacun a son propre autel,
Ses propres évènements fous
Ses propres joies, ses propres trous,

Ses propres racines de folie,
Ses morts, ses charmes funèbres
Sa triomphe, sa démocratie

Où jaillissent les arbres
De ses ouvertures lugubres.

Toute rivière a ses eaux
Qui ne reviennent et qui voyagent
En fantaisies et dans les fléaux
Et ne revoient pas ce qu'elles partagent
Entre des passants qui nagent.

Je ne comprends donc pas, on impose
A mes parcours la tristesse
Quand il faut que je me repose.
Leur chant aigu progresse
Le temps me le montre et passe.

La bonne manière d'effacer
Dans nous l'esprit d'amertume
Est de toujours penser
Que tout humain fume
Cette intournable coutume ;

On souffre tout le présent
Pourvu que demain soit doux
On maigrit en pensant
Aux enfants, aux joyeux choux
Qu'ils dineront. A leurs bijoux.

Mais d'aucuns pleure à voix hautes
Quand nous imposons nos horaires
Au monde. C'est de leurs fautes
S'ils rabaissent leurs salaires
En s'appuyant sur nos partenaires.

Je déteste souvent des heures passées
Qui meurent silencieuses,
Elles ne se gomment sur nos pensées
Par ses chairs capricieuses
Ou par ses raretés précieuses.

Et quelque fois je me demande
Ce qu'est mes punitions les plus braves

Si ma joie dépend du monde
Obscur et que si mes baves
Coule pour rien via mes paroles graves.

Bukavu, 12 mai 2016

MON CŒUR EST UNE FANFARE A SON PROPRE CARNALAL

Mon cœur est une fanfare à son propre carnaval.
On dit qu'il court vers des dangers qui lui font mal
Natif d'un room opulent qui ne lui sert à rien
Croupi par le désir aguerri de faire du bien
Œuvre du créateur unique qui, via son cordon
Un voile passe par mon ancre et par mon pardon
Réparer le flou honteux qui absorbe mes yeux
Et les empêche de voir mon sort ambitieux.
Souvent, dansant comme s'il souffrait de la peste
Toujours si élégant dans sa terne veste,
Un vent passant colorer ses deuils infâmes
Naturel d'état, il s'offre à ses âmes ;
Et quand tout sourit à la corde qui se lie :
Femmes envoutées, créatures enfermées dans l'envie ;
Argent, gestes barrières imposés, il se dit :
Non à la mélodie mondaine de l'homme qui maudit,
Fournie par la lumière des enfers opaques
Anéantissant le monde quand ils fêtent leur Pâques.
Rares sont les temps oppressifs qui l'infligent leur farce,
Espérant voir en moi son idole, mon cœur les force
A attendre que reviennent dans leur modèle état
Souvent oubliés, mes veines vues dans leur esprit fat.
On me dit que mon cœur danse à tout : galère,
Nouvelles musiques, chants d'oiseaux, vents en colère
Pourvu que ma tête n'échoue à ses propres plans,
Routes qui mènent où Dieu interdit de se faire d'élans,
Oppressions qui rejettent les âmes, étranges symphonies,
Précoces opinions sur mes labours laissées impunies
Rêvant comme des prophètes à faire de mon combat
Et de mon songe un dieu à épines qui seul, s'abat.
Car je lui parle de nous, mon cœur me dit souvent
Avant que je détecte ce que croque ma dent :
« **R**êves-tu ce que déjà t'offre Dieu ? Regarde,

Nous avons ensemble détruit toute vague rétrograde
As-tu su lorsque personne entre nous ne naquit avant l'autre ?
Vois-tu, je suis pour toi un roi et un apôtre,
Alors que les gens se mettent à te clouer, continue.
La vie fait briller l'âme mais la dévore toute nue.

Bukavu, juillet 2020

L'EGO

Exilé dans ma propre tête
Ivre pareil à celui qui fête
Je suis le seul qui fut et qui toujours
Est présent à tous mes jours.

Ma famille et mes amis vrais
Enracinent mes espoirs mais,
Sont aussi pris par leurs âmes,
Tant nos avenirs sont écrits sur des lames.

Je suis le seul ici-bas
Qui, quasiment ne me rejette pas
Lorsque mes routes tiennent à peine
Dans la laideur dont la Terre s'enracine.

Bukavu, 20 novembre 2020

J'AI DEUX YEUX...

J'ai deux yeux qui voient la face humaine
Eclairé par la lune dans sa saison saine,
Je contemple l'Homme dans son hypocrisie
Coller mon charme sur sa sombre harmonie.

Mais, pour m'alarmer dans d'assoiffées plaines,
J'ai deux yeux qui parlent à des voies vilaines ;
L'Homme sourit quand son prochain s'écrie
Dans la galère profonde sur lui qui se lie.

Il vit dans son allure ni bonne ni pire,
Renversée par son envie de bâtir un empire

Qu'il contrôle dans l'oubli fatal du futur.

Il sauve son fils et sacrifie ses petits-enfants
Condamnés à entonner sans cesse d'affreux chants
Qu'il grave sur son héritage sans fruit mûr.

Bukavu, 19 septembre 2020

VUE LONGUE

Je crains parfois comme une âme troublée
Et plongée dans un espoir d'un amour
La possédant mais demeurant refoulée,
De me retenir puisqu'il fait beau jour.

Dans la clémence vient de pourries fleurs
Marchant comme un troupeau d'affamés lions
Dont l'envie est que meurt de graves douleurs
La proie collant les deux parties que nous scions.

La bataille entre le vin et le verre
Pourtant drame des affections symboliques
Mélangées, ne finira jamais sur Terre
Tant qu'on vivra comme d'étrangers romantiques.

On jouit parfois d'un salaires équitable
Pourtant certains retirent dans nos moulins
Leurs mains, qu'importe du travail rentable
Et extraient des forces dans nos souffrants engins.

Bukavu, 1 mai 2016

II. LES PENSEES RECIPROQUES

A CELLE QUI VIVRA ETERNELLE

(À Elizabeth Cihusi, Nicole Sifa, Clémentine Mapendo et Anne-Marie Neema)

Ton glamour ne devra finir
Vivant dans ta bonté énorme.
Ta volonté qui laisse toujours en forme
Chaque jour veut rajeunir.

Tu as créé ta route pour offrir
L'égard que tu accordes à ton charme
Quand le monde opprobre nous désarme.
Tu pâtis quand le monde nous fait souffrir.

Le ciel des saints sera ta maison éternelle
Puisque ton âme pense aux autres
Et aux bonheurs qui sont nôtres.

Le Dieu qui renifle la querelle
Epargne ton corps des calomnies
Des chutes et d'abjectes tragédies.

Bukavu, 9 novembre 2020

LA STELLA

J'ai vu souriant, via mon téléphone qui sonne
Un message disant que la princesse de ma couronne
Est un ange qui voit le toit de l'hôpital
Que brillante, elle me porte un amour fatal.

Il sonne, et sur les jolies consonnes que je donne
A son nom, j'ajoute une voyelle venant de la lionne.
Ce soir nouveau, je dors heureux sur un lit amical
La douceur allègre sautant dans mon foyer mental.

Ce soir restant dans l'anal de ma sainte archive,
Puisque Dieu est au-dessus de toute la magie
Gommera les maux comme le vent ôte le feu à la bougie.

Que cette étoile à jamais sur l'élite survive,
Que le rivage immortel sente assise sur ses sables
La lioncelle qui gouvernera toutes les fables.

Bukavu, 7 juillet 2020

LES COUPLES

A et B, obscurs comme le nuage
Flottant comme celui qui nage
Eternels voisins comme amour et haine,
Bien et mal, joie et peine !

Le soleil ne veut pas de notre robe
Il nous perd le soir, nous reprend l'aube,
Il nous quitte bras dissolu
Puis qu'il neige, il gèle ou il a plu.

La fin est proche, la Terre se désole,
Et son habitant oublie souvent son rôle,
Il a vendu son bonheur et se courbe
Devant sa boulimie non superbe.

A et B murmurent comme des nègres
Instables comme des feuilles d'arbres
Eternels voisins comme vie et mort
Dieu et Diable, raison et tort.

Bukavu, 11 janvier 2016.

QUAND TU SERAS LÀ...

Quand tu seras là endormie dans mes bras
Sous le soleil amoureux du petit matin,
Je dirai que désormais on est deux ici-bas,
Que je vois ce jour joyeux venir enfin.

Je dirai que je t'attendrais. Et quand tes pas
Ecraseront doucement la pelouse de mon jardin
J'entendrai silencieux battre dans mes muscles gras
Mon cœur envouté par ton sourire enfantin.

Sans dent et avec des mains qui tiennent à peine
Tu voudras écraser mon pouce de tes gencives
Déçue que soient stériles tes habiletés passives ;

Comme un amoureux et comme un père d'une reine
Je regarderai le ciel dans son bleu-blanc vérace
Et dirai : tu m'as donné ma propre race.

Bukavu, 8 juillet 2020

REMINISCENCE

(A Joséphine Safi, aux disparus)

I

Je venais à peine de naitre, elle s'évanouit
Dans le jardin attristé des remords
Sans que j'observe, sans que tous les morts
Rayonnent dans le parfum hardi de minuit.

Je cherche son visage dans mon savoir
Elle disparait de mes vierges excès.
Sésame, ouvre-toi, console ô morose décès
Cet enfant que l'on venait de décevoir.

Sa chevelure était indienne à six ans
Ma voiture décollait et elle se tenait
Debout servie par ce qu'elle décernait
A la clef qui devrait ouvrir le temps.

Brune comme le sable jauni par le soleil,
Elle marchait à peine dans sa vie toute rose.
Sésame, ouvre-toi, gommer ce décès morose
Cet enfant qui venait de connaître le deuil.

Alors qu'elle rêvait devenir ma compagne
Elle se perdit avec ses rudes broderies.
Elle pleure de fois dans mes puissantes rêveries
En robe, en chemise ou en pagne ;

Et je crois en un poignet d'espagnolette
Pour ouvrir la magique porte d'overdose.
Sésame, ouvre-toi, ôte ce décès morose
De l'enfant effrayé par des coups de machette.

Je disais haut pendant mes âges de débutant :
« Soyez sages corbeaux, c'est l'ange qui passe.
Son humble parfum envoutant surpasse
L'amour meilleur qui nous manque tant.

Mais laissez-moi essayer la voie qui ne s'ouvre
Déterrer l'éternelle question que je me pose.
Sésame, ouvre-toi, gomme ce décès morose
De la tête d'un enfant soucieux qui s'enivre.

II

Maintenant qu'elle est à jamais disparue
Je pense que quand je souris elle danse.
Sa main tient à gauche sur ma petite anse
Quand je prends un verre dans une place voulue.

Et je cris haut, comme elle colore Paradis
Où elle vit de son ampleur inconnue qui traine
Qu'elle trouve un lieu sein et sans migraine
Où elle brille comme le soleil dans ses midis.

J'aime penser qu'elle s'assoit sur la Lune
Ses souffles occupant les têtus rideaux.
Son ombre me suit quand je me tiens près des eaux
Et je crois la voir au-dessus d'une allusive dune.

J'hallucine les vitres dans ses yeux invisibles et rares
Les boutons de sa peau semblent dramatiques,
Un futur imaginaire et des champs fantastiques
Où nous passons à deux jouant aux fanfares.

Mais la mort jalouse de notre survie candide
Prend dans ses bras des enfants, des jeunes et des vieux.
Elle nous oblige à sortir les lames de nos yeux
Et dire à dieu à nos proches partis dans le vide.

Bukavu, mars 2016

III. LES SONGES

SOMBRE MUR

Il était écrit devant moi sur ce sombre mur
Que j'allais tomber dans mes propres pièges,
Je mettais mes pieds à gauche des sièges
A côté duquel jaillissait un éclairage pur.

Je n'ai pas d'oblique, juste de joie
D'avoir créé quelques idées élevées à l'âge
Qu'on offre son être entier à tout son bagage
Pour ne pas être sa propre proie.

Pourquoi puis-je avoir alors de vides puits
Où je mettrai mes jambes au risque de glisser ?
Suis-je la personne qui crée ses propres nuits ?

Parfois le mal nous vient, pas pour nous caresser
Mais pour rendre les troncs de nos biens réduits.
Et parfois nous lui offrons nos plats les mieux cuits.

Bukavu, 11 mai 2016

DANS MA SALLE IMAGINAIRE

I

Je regarde haut sur le toit de colorés cieux
Le soleil mourir de honte, son âme débile
Insulter ses petites étoiles dans leur vie mobile.
Elles en font des pantomimes silencieux.

L'arc-en-ciel prend son verre grenu dans le lac
Sans sœur, sans enfants à ses côtés et sans famille,
Je lui parle mais ne possède aucune oreille
Et se dirige au sud vers un nouvel ubac.

Une étoile conte l'aventure des éclipses
À ses sœurs assises sur de vieux nuages
Lorsque la lune terrible dans ses ménages
Pour battre son époux, brode ses courses.

Un ovni rouge qui me parla de ce périple

Et des croisières absurdes de plusieurs années,
Je me tins en scribe dans mes pensées acheminées.
Tant j'osais envier ce moment farouche qui m'encercle.

Le vent passant par ses fenêtres méconnues
Apportait une lueur des fleurs de beauté féerique,
Des arbres torves dont la genèse m'était antique
Vivaient près de mon siège et des pierres menues.

Comme le Christ sur le géant Mont des Oliviers
Deux êtres fabuleux se joignaient à la fois
Le vent secouant leurs robes, ne leur offrant de choix
Disparaissait sans mot dans les manguiers.

II

Seul dans ce paradis manié qui me parle
Je me parlais me souvenant de ma terrible chambre
Sans fenêtre qui fait disparaitre l'ombre
Dans ma position de scribe dont l'écriture est simple.

Dormant esseulé dans mes moments reclus
Des vers survolant ma tête comme des démons
Y parcourant des visions épaisses et des sons
Je m'assieds avec eux sur des temps exclus ;

Mais quelques phrases passent tout fortuites
Dans ma tête oisive et toujours se redisent.
Je prends garde dans ces instants qui me courtisent
Et menacent par leurs carences non érudites.

Bukavu, 26 mai 2016

QUE REVAIS-JE L'AUTRE SOIR

Rimbaud me parlait de ce qu'il vaccine,
Je déclamais aux muses par les Médications
Les Fleurs du mal qu'aurait écrit Racine
A Baudelaire dans ses propres Lamentations.

J'ajoutai qu'à travers les vers de la matinée
J'écrirai comment la nuit peut être triste,

Je ne pleurai pas voyant dans ma destinée
Qu'il faut que je crie la couleur de ma piste.

L'hostile vision qui circule chez les xénophobes
Me rongea, triste souffrant dans mon sommeil.
Les noirs-et-blancs qui m'infligent leurs robes
La méfiance envers le jour de deuil.

Je me souviens des couleurs de cet absurde lieu
Merveilleux où ceux qui tournaient leurs pages
A Cedar, à Césaire, à Richelieu,
A Laye, faisaient la tombe de leurs dressages

Des éclats qui ressemblaient à ceux d'un ange
Venaient je ne sais d'où... d'un autre être
Qui rêvait de secourir l'envie de ce qui dérange ?
Ou d'un diable adoré, j'oublie peut-être...

Bukavu, 2 mai 2016

J'AI RÊVÉ DE TOI HIER...

(À Prayer Bindja)

J'ai rêvé de toi hier, la nuit jasait encore :
Des fleurs mouillées se balançaient dans l'aurore,
Le soleil rougissant encore dans des collines
Jetait ses rayons faibles dans leurs épines.
Et moi, amoureux de la froideur du petit matin
Lorsque les feuillages ont la rosée pour voisin,
Je m'asseyais sur un canapé de bois
Lisant ce que m'ont laissé comme lois
Mes vers instruits. Je te vis entre les bras
De ta mère regardant vers les côtés bas,
Mes yeux fixant à peine le poème
Te voyaient tu souriais par toi-même.

Tu descendis à petits pas, par les escaliers,
M'approchas et te cachas derrière les piliers
Qui tenaient dans un pauvre noir le garage,
Je ne te vis pas car je tournai la page,

Tu tins le col de ma chemise mauve
Et dit : « j'aime ce que papa résolve… ».

Bukavu, 3 octobre 2020

REVE D'ENTREPRENEUR

Je dormais dans mon calme débile qui ne s'enfuit,
Rose était mon avenir, violente était la nuit :
Je vis de mes yeux de charme que sur des roches
Des entités s'étaient mises dans mes poches.

Oubliant que les épines poussaient le long de ma route,
J'ai pris connaissance de la vie qui m'envoute,
De ses assises et de graves conflits qu'elle engendre.
J'ai appris à mon cœur à oublier sa peau tendre.

J'ai appris à ma vie qu'il y a un moment de défaut,
À se suffire lorsque le temps jaloux freine son saut.
Mais je ne lui ai pas dit d'ignorer les autres.

Le Ciel bâtira sur mon château et sur mes mots
Ce qu'il a prévu. Et je ferai mes propres lots
Vu que mes décisions sont mes fidèles apôtres.

Bukavu, juin 2021

LE REVE DES PAYSANS

Travailler pour anéantir les mythes névrosés
Franchissant les limites obsédées par nos chutes
Que nous imposons à nos âgées disputes,
Nous, hommes qui détruisons de travaux opposés.

Le paysan est un faiseur des rêves passifs
Tournés vers des pierres lointaines utiles qui brillent.
Leurs gains sont la portion de ceux qui pillent
Nos forces. Au patron revient des revenus poussifs,
On remplit nos biceps et lui remplit ses actifs.

Bukavu, juillet 2020

IV. LA CITÉ

ELDORADO

J'espère qu'encore le temps se contrôle
Depuis ma ville où l'ambiance est endurcie
Sur Kinshasa la lointaine métropole,
Que la désillusion s'y est obscurcie.

L'histoire nous a imposé sa manœuvre
L'univers a engendré son air jaloux qu'instille
La somme de ses jours inaptes qui s'ouvre
Dans une pire flotte qui nous pille.

Et quand Erato, fixée près du rivage
Interdit comme une reine, au peuple de mauvaises noces
Il se tourne à contempler son effroyable héritage
Froidissant son sang et couronnant ses nids atroces.

Tu as laissé tout Mobutu régner sur nos ampleurs
Mais aujourd'hui ton humble souffrance est furtive.
Le sang versé sur ton champ vaste de fleurs
Ne couronne pas ton histoire émotive.

Ton avenir rose est assis sur des fentes fortes
Qu'importe le monde qui t'anéantit, misérable,
Quand tes forêts sourdes revivront vertes
Ton lignage sera le moins exécrable.

Bukavu, 12 février 2016

LE CHATEAU SEMPITERNEL

(A Edouard Bisimwa, Safari Jean De Dieu, Ombeni Ghislain, Joseph Ntakobajira, Namegabe Pascal, Kandanda Daniel, Ndeko Charmant et Constantin Mpinga)

J'y naquis pleurard et sans égide
Ignorant à qui offrir sa vie débile,
Il n'a soutenu dans ma rêverie cupide
Ni par ses murs moribonds ni sa toiture fragile ;

Il y pleuvait toujours et sous ses toiles intrépides
Non éteintes par le vent qui traverse l'air futile
De l'espoir qui ancre les esprits d'enfants avides
Et à jamais arment son éternelle missile.

Parfois, m'écartant, je dis que j'y vois amère
Mais c'est toujours un chez-moi me dit ma mère
Contemplant par ses regards mon tendre avenir ;

Ses vielles planches fatiguées, ses irréels écussons,
Ses tôles usées qui balancent et qui font des sons,
Ce noir de ma chambre, me manquent à mourir.

Bukavu, mardi 14 juillet 2020

LES GEURRIERS OUBLIÉS

Ils ont tant donné pour toi ô nation
Pour ta flore invétérée et pour ta passion.

Tu es le temple hardi sur qui s'écrase
La pureté modérée de leur douce extase.

La froideur a disparu devant tes yeux
Lors des pugilats qui les ont rendus vieux.

Ton mausolée revêche dit n-o-n
Au compact bras ayant gommé la haine.

Ils ont abattu les Balkans et leurs rites lents,
Ils ont su retenir leurs outrages conséquents.

Assez vu perdre les vies que les colons amassent,
Tu as ouvert des voies où ils passent.

Morts ou vivants, ils ont pris ta défense
Et tu les as dépourvus de leur chance.

Tu as offert ta faune sublime et pervers
Aux rois mondains qui viennent des enfers.

Mais il faudra que tu inities un jour
Des châtiments usants à tout vautour.

Ton armure empesée devra dire n-o-n
Aux voisins maladroits emplis de haine.

Bukavu, 12 février 2015

LA VIE AU CONGO

La vie au Congo c'est comme la vie d'ailleurs,
Assise sur un souffle sacré que raconte Genèse.
Ici, sont pauvres encore les grands laboureurs
Dont la guerre sur leurs épaules pèse.

Ici ceux qui nous gouvernent, je ne mentirai guère,
Sont ceux qui nous tuent. Nos vies sont une offrande
Qu'offrent les diables traitres venus de leur repère
En costume enragé et membres de la haute bande.

La vie au Congo, pays des eaux et des forets,
Et des tribus, sources des conflits qui nous enterrent
Est salie par ceux qui chérissent leurs spéciaux intérêts.
Les promesses sont ce qui jamais ne s'honorent.

L'on ne compte le nombre des candidats à la mort
(Paix aux âmes de ceux qui se sont donné pour cette terre),
Tellement l'homme politique est un lion vorace qui dort
Et dont le sang des agneaux emplit son verre.

Mais je dirai à ceux qui sont morts avant nous,
Aux enfants qui verront un Congo nouveau de paix,
D'amour et dans lequel plus personne n'est à genoux
Que toute bonne voie est un fil balançant et non épais.

Je dirai à ceux par qui sont morts les soldats,
Qu'ils ne seront pas éternels, ils devront partir
Dans un Congo de l'au-delà où les pauvres sont fats.
Que Mobutu rêvait d'un règne qui ne devrait finir.

A mes frères qui aiment ce pays et qui font un geste :
Tournez-vous vers Dieu qui connait notre souffrance,
Le monde nous aime mais son envie nous déteste,
Désunissons-nous de notre pérenne ignorance.

Bukavu, 5 février 2021

LES MARCHES PERIMEES

Que périssent dans d'orages pessimistes
Comme ils meurent sans disciples dans leurs nuits supprimées
Vos cœurs esseulés, emplis d'agir séparatistes
Dont la bonté depuis longtemps partit en fumées ;

Que jacassent vos ordres qui tuent les esprits altruistes
Et qui envoient les pays vers des ères périmées,
Dont la vigne aux instincts encore mobutistes
Gouvernait les tètes des zaïrois opprimées.

Le feu que vous nourrissez, celui qui vous consume,
Se conçoit sans s'éteindre puis se rallume.
Vos enfants seront fiers de votre héritage flou.

Il est mort expatrié mais il vit dans vos têtes,
Il sourit avec vous, éternel dans vos quêtes
Sans changement, il vous tiendra toujours au cou.

Bukavu, novembre 2020

PENSÉE SOURDE

(Aux dirigeants magouilleurs et plaintifs)

« Est-ce moi, doublant ma vue
Qui ai envoyé des enfants dans la rue ?

Peuple, quel est ce vent qui t'attriste
Et qui rend inhumain ton piste ?

Est-ce moi, qui donne des primes

A vos frères qui multiplient des crimes ?

Je n'ai pas tué par mon tir,
J'ai juste vu quelqu'un mourir…

Est-ce moi la feuille de milliers
D'insécurisés et de faux guerriers ?

C'est de moi que vient le jugement
Mais je ne suis pas l'ouïe de la jument !
Le Congo n'a pas son propre passé ancestral,
Il y a aussi Libye, Tchad et Sénégal.

Mon élection aujourd'hui est héroïque :
Un modèle fatal pour toute l'Afrique.

J'ai juste vu mourir Mouammar
Mais je n'ai pas vu venir leur char.

Le pays est un chantier, allez voir
Ce que je fais de mon humble pouvoir.

Pendant que chantera la vuvuzela
Je deviendrai le néo-Nelson Mandela.

Mes yeux ne voyant pas l'embuscade
Dont Mamadou a pris dans une grenade.

Ils m'ont donné des paroliers
Qui parlent pendant les résultats pétroliers.

Labourer et abandonner l'asile
Est un secret pour quitter le difficile.

Je n'ai jamais caché de preuve
Qu'Adam fut avant Eve.

Pour que beau soit décembre,
Enfermez les opposants en chambre.

Le pays a une grandeur d'éléphant

Et les voisins y trouvent tous leur chant ;

Leurs cœurs ont besoin de notre sang
Leur niveau convoitise notre rang.

Je n'ai vendu au massacre
Personne depuis mon somptueux sacre.

Cachez par votre volonté par terre
Le courroux de la guerre.

Laissez-moi le temps
De labourer encore vos lamentables champs... »

Bukavu, 3 avril 2016

LA GLORIOLE HUMAINE

Parfois, de nous nait notre souffrance atroce
Etant le frein dont notre peine s'enjolive.
Organisant sans connaissance de noce
Où le mal passe nous faire sa missive.

Notre égoïsme un jour devra contenir
Les fissures sur les faces de nos amours
Même si nous prenons notre grand plaisir
En blessant ceux qui nous soutiennent toujours.

Nous sourions quand de l'autre côté où le noir
Jaillit et s'installe dans le pleur et sans égide
Des confondues gens détestent leur éternel soir
Car le sang du prochain est pour nous insipide.

Bukavu, juillet, octobre 2020

J'AI CROISÉ LE CONGO...

J'ai croisé le Congo sur un sentier blanchi
Les horreurs étaient là, la nuit était claire
Comme la neige. J'ai vu que, formant un paire
Le politique était fier et son pays fraichi.

Il me dit alors : « voici cher poète que tes missives
Ont été lues. Mais nous sommes dans le futur.
Va donc dire cher ami, à ceux qui entendent que bien sûr
Leurs cœurs sont doux et leurs âmes sont naïves.

Votre vie est une vie sans pareille, admettez.
Le bonheur s'est installé au sommet de vos peines,
Et vous le voulez car de vous viennent les scènes,
Vos problèmes et solutions sont d'un même nez. »

Et je compris donc de sa voix que mûrir
Est ce que le Congo veut. Il veut chasser
En nous l'air perdant. Il veut nous débarrasser
Du noir, mais il ne veut pas nous voir mourir.

Bukavu, 8 février 2021

ET SI JE MOURRAI MAINTENANT...

Et si je mourrai maintenant ? - se demanda
Débutant dans un haut plaisir son mandat
Le député national affamé et surpris
Par la beauté de son siège incompris. –
Que deviendra les coulisses de mon agenda ?

Le pouvoir des pauvres rend la mort amère
Ayant quitté la vie de rêves et de galère
Dont nageait sa miraculeuse famille
Qu'à présent la hauteur du pouvoir maquille
Pensant à sa vie d'honorable éphémère.

Cinq ans à penser à ce que sa vie va devenir
Oubliant que son peuple lui a confié son avenir.
Un siège entier, et toutes ses incultes pensées
Jacassent autour de ses inquiétudes inopinées
Oubliant ce que le peuple lui a dit de finir.

Bukavu, 7 avril 2016

LA POLITIQUE DES NON-POLITIQUES

Ils nous viennent de nulle part, d'ailleurs et souvent
De nos propres villages endeuillés, espérant au vent
Nouveau qui souffle sur leurs sols tribaux,
Ils arrêteront d'appeler nos tombeaux.

Ils sont venus sans noms, sans voix et sans hymne,
Mais ils ont construit une justice qui nous condamne
Même quand nous n'avons pas tort. Sans vestes,
Innocents dans la parole et dans les gestes.

Maintenant que nous sommes perdus, ils ont bâti
Leurs fortunes sur nos tombes. Ils ont anéanti
Tous nos vœux et l'espoir de pouvoir faire confiance.

Mais viendra peut-être encore, mon cœur me le dit,
Un guide que nous ignorons et qui nous chérit,
Qui peinera mais vaincra toute notre souffrance.

Bukavu, février 2021

LE MANDATÉ

La nation va mal comme ton meurtri cœur
Qui déroute le rôle de nos masqués suffrages
Comme un bateau endeuillé des naufrages
Réputé pour sa couleur et son horreur.

Des années de règne sur ce vilain peuple
Sur qui l'histoire tombe et ses sinistres incidents.
Ce qui se croque sur nos maltraitées dents
Définissent la peine subie à son quadruple.

Trompé par ta vaste équipe macabre
Tu subiras la lourdeur de ce peuple qui ose
Suivre ce qu'il adore. Et je suppose
Que le temps prépare un lendemain funèbre.

Bukavu, 23 février 2016

L'HERITAGE IMPOSSIBLE

I

Ma couronne ne tombera pas, dit la princesse
Pensant au futur et ayant compris sans cesse
Que le roi, père de son mari devint insatiable,
Que son envie de s'emparer du pain affable
Du peuple aveuglé et misérable l'empresse.

Envouté par le paradis que réserve le trône,
Avec tout ce qui sans prix la nomme La Lionne
Elle est si tendre comme quand on n'a qu'à mourir,
Elle offre à des rêves qui ne devront tenir
Que si des siècles des successions feront qu'elle sonne ;

Elle s'est offerte à un prince dont le père ne gagnera
D'élections contestées par le peuple qui n'en fera
Une arme pour bâtir un empire immortel
Que par aide profonde de notre puissant Eternel,
Qui ne soutient que l'âme qu'il épargnera.

II

Prenez donc garde, peuple qui se ment toujours
Quand tu approches ceux qui t'octroient de mauvais cours
Et effacent sur des murs où s'est inscrit l'avenir
De tout ce qui respire, ce qui vient mal te punir
Lors d'un vote offert à des gens qui ignorent tes jours.

Bukavu, juillet 2020

LA HAUTE BANDE

Leur envie d'emplir toujours des sacs à monnaie
Et leur faim meurtrière, consument le pays entier.
Le pont qu'ils bâtissent est un sempiternel chantier
Dans un air trompeur qu'ils octroient à l'apparence gaie.

C'est nous, peuple sans réconfort et sans paie
Des principales victimes qu'ils aiment vicier.
Notre vie de votant est une piètre existence d'ouvrier
Qu'ils briguent pour bâtir leur robuste haie.

Ils sont venus piller le trésor de la riche patrie.
Leurs cœurs pleins d'épines auxquelles on se fie
Trahissent à leur passage tout notre espoir.

Je vous écris depuis mon room sombre, chère nation :
Un jour il vous faudra prendre en charge votre passion
De tout rebâtir pour éclairer seule votre soir.

Bukavu, juin 2021

LA FIN DU POLITIQUE

La force qui te bénit est celle qui te fouette
Le Christ qui t'offre même quand tu ne demandes,
Qui pardonne tes péchés et tes fausses commandes
Connait les autres et la laideur de leur brouette.

Je te parle de ta mauvaise foi et ta lourde éthique,
De nous, à genoux devant nos propres employés,
Des opprimés, des tués, des impayés,
De peuple orphelin de la bonne politique !

Je pleure sous le ciel noir et endeuillé de Beni :
Des têtes découpées en deux, en trois, en quatre,
Par les tiens et la douleur de leur théâtre,
Je parle de ce sanglant temps infini.

Mais votre temps devra finir. C'est de Dieu que vient
Ce pouvoir pour lequel vous nous stressez,
Le châtiment sourit en dessous de vos nez,
Et la fin des temps vous regarde et vient.

Bukavu, novembre 2020

V. RENDEZ-VOUS

LES VIELLES LUNES

(À mes vieux souvenirs)

Au sommet des monts : des croix mal guidées
D'énergies introuvables, des plaines inondées
Des voiles dont passent intelligence et bévue
Dont le noir comme dans une fourmilière se magouille.
Maigre de poids, sagace de bonne vue
Qui vient pendant nos malchances et nous agenouille.
Dans un passé où le jour interroge un cœur en regret
On aperçoit ses amours déambuler sans arrêt
Et la Terre qui par des craintes tous nous gazouille.

Nous nous asseyions sur des bancs de déférence
Où l'essaim des bruits nous tuait de patience,
Des acajous charmants et leurs gentils feuillages
Couvraient notre lieu jusqu'à un petit home
Devant nos visages doux et nos yeux sages

A côté duquel des roses nous jetaient leur arôme.
Nous sourions dans cette ombre tardive. Cet entrain
Déraillait parfois mais tu tenais ma main
Et répétais qu'un amour vrai surgit comme un fantôme.

Bukavu, août 2016

RENDEZ-VOUS DES PHARISIENS

Ils se regroupent à parler des autres : pharisiens,
Tremblant comme des oiseaux des hivers parisiens.

Leurs bouches sont des artistes qui chantent et dansent
Comme un Fally ou des kuluna qui jamais ne pensent.

Avant que l'aube lointaine regagne l'horizon,
Leurs âmes confuses nous tourmentent sans raison.

Dès que contemplent le soleil jaunir les montagnes,
Leurs yeux tournent vers rues, routes et campagnes ;

Pour apporter à leurs crevettes qui ne s'ignorent
Du réseau futile afin de salir des gens qui se colorent.

Ils vous tournent le visage quand vous leur tournez le dos
Se nourrissant d'odeurs de vos œufs éclos.

Vous dites que vous aimez vivre à camp Bien-aimé,
Ils font croire que vous parlez de Lomé.

Ainsi tourne comme tournent dans l'espoir des paresseux
Dans un monde primitif qu'ils ont bâti pernicieux.

Bukavu, 16 juillet 2020

RENDEZ-VOUS DES LIÉS

(À Norme W. Juliette)

J'ai rêvé de toi. Et pleuré cette nuit,
Voyant s'envoler dans un couloir d'angoisse
Ta joie et ton sourire qui jamais ne me nuit ;
Et je couvre dans ton absence qui me froisse.

De toi est née celle qui jacassait dans ton ventre,
Elle a haussé sans que ton cœur remarque,
Sans que tu ne te vois celle sur que je me concentre,
Le rang de la chaise dont tu assois ta marque.

J'ai vu dans les rêves ton visage qui pleure
Et qui sourit voyant l'ange nouvelle.
Oui, j'ai senti la peur qui t'écœure :
Tu crois que le monde t'a mis sous sa semelle ;

Mais je crie sans que ne me quitte l'espoir :
Ce qui nous retient ensemble est ce qui nous lie,
Nous sommes la pierre sur laquelle veut s'asseoir
Notre avenir et l'ancre tuant ce qui le scie.

Bukavu, 26 août 2020

RENDEZ-VOUS DES OPPOSÉS

Il le dit. Il s'est marié à une diablesse
Dont l'amour disparait chaque fois,
Toutes les nuits dans ses voies elle blesse
Son unique cœur, rien d'elle n'obéit aux lois.
Le genre d'épouse africaine qui, chaque matin
Se lève et s'habille et princesse afin
Que le voisin se détache de son amour,
Le genre qui cuit tout dans son four.

Et maintenant que son cœur lâche
De gré et laisse toutes les maladies,
Il sait que rien, il souffre et il cache
La laideur de ses pauvres mélancolies
Qui rougissent ses yeux d'amertume.
La souffrance s'est installée sur sa coutume,
L'extase a quitté son rôle d'époux
Et s'est installés sur son dehors doux.

Bukavu, 3 octobre 2020

RENDEZ-VOUS ADMIRÉ

Amis, écrivez votre pénible chute et votre faute
Regardez sur vos pages blanches, ouvrez les yeux
Qui jacassent sur faces et deviennent ennuyeux ;
Tachez de mourir en Césaire ou en Cazotte.

Ouvrez vos portails horribles, marchez en vers
Chassez en votre haute altitude l'élan
Qui cache en vous la révolte du paysan,
Admirez la vie de roi dont vous allez vers.

Montrez-leur sourire quand vos cœurs brulent
Le monde que nous léguons est une violente pègre
Sur laquelle les vautours assoiffés circulent ;

Votre faim est folle, votre envie est maigre :
De vos ailes vous ne volerez pas haut et votre fanfare
Eclatera sous le soleil et vous mourez comme Icare.

Bukavu, 17 avril 2016

RENDEZ-VOUS GRATIFIÉ

(Aux manipulées)

Il te trompe d'avoir perdu de véhicule
Par son vin enragé il te manipule,
Tu l'attends dans l'après-midi mais il t'envoute
Puisqu'à dix heures, tu perds sa route.

Il conteste ta beauté, te regardant dans le miroir,
Avant qu'il l'aggrave dans la fête de soir.
Les amours illusoires vivent pendant la nuit
Le jour, tu les regardes mais leur lâcheté te suit.

Elles marchent vers toi et enjolivent ton armoire
Essayant en vain de te faire lire leur grimoire
Qui n'honore pas ton parfait amour-propre.

Son jeu se joue entre deux. Mais ce qu'il aime
Est ce que le monde qualifie de malpropre
Calcine ton être et mord ta craintive âme.

Bukavu, 4 avril 2016

RENDEZ-VOUS DISTRAIT

Maintenant qu'elle attend, appauvrie reine
Un faux rendez-vous qui te laisse coupable
Ignorant qu'elle mérite moins sa sainte table,
Elle embrouille par des messages ton phone.

Maintenant que de ton voile tout parfumé
Tu descends Nyawera couvert des dettes
De honte tu couvres tes yeux de lunettes.
Espérant qu'un jour ces magouilles aient en fumé.

Mais un cœur trompé est un cœur qui prépare l'assaut
Trempé dans la peur, il croit aux inexistantes farces
Qu'il croit appartenir à de vilaines races.

La vie hautaine d'amoureux prend un saut
S'identifiant par ses forces et qui intéresse
Ceux qui aiment sans que rien ne les empresse.

Bukavu, 3 avril 2016

RENDREZ-VOUS ENTRAINÉ

(Au Chef d'état machiavélique)

Congo près des vastes rivages se féconde,
Ailleurs on hurle que la cité fascine
A jamais l'aveugle enterré par sa racine
Et ses jambes tournent autour de leur sa terre ronde.

L'humilité s'ôte du savant maître qui s'inonde
Dans ses joyeuses années et sa joie hautaine
Qui dorment dans une infinie grotte de haine
Où le mal nait et l'avenir noir se fonde.

Que finisse pour toujours tes sentiers de malice
Qui ouvre un décembre d'élections et de sacrifice
Sous les yeux enfantins de la jeunesse légère.

Les cavaliers tombes dans leurs gaies milices
Le peuple idolâtre joue de fous caprices
Et ignore pour du bon son mal qui exagère.

Bukavu, 1 avril 2016

RENDEZ-VOUS DES ENFERS

Allez fuir ô séjour de maudits enfers
Que le poète dans ses bénites mers
Ecrits noyé dans l'air d'Ephèse.

Allez dire que s'il faut qu'on se taise
Nos charmes se trouvent sous nos ongles
Et je marche flottant comme les aigles.

Allez ô vilains satans démoniaques
Dire aux ainés morts italiques
Que notre raison veut qu'on se prosterne.

Allez ouvrir grande votre poterne
Pourvu qu'on ait de vue sur sa muraille
Dont la bonne clarté déraille.

Allez maudits enfers, on n’y est pas !
Nous attendons venir de très bas
Votre colère cachée qui ne survivra.

Allez attendre la foule qui suivra
Et qui ne reviendra. Dès que paisible,
Vous périrez par votre châtiment invisible.

Allez avant que votre monnaie ne brûle,
Dites à votre troupe entêtée et mule
Qu’il rougira dès que la bonté vous pille.

Allez jouer votre rôle de grille
Qui couvre votre gravure délaissée
Dites qu’est en route le vif Persée.

Allez dire au diable et son impureté
A ses démons et leur sac déshérité
Que le Ciel attend prendre son ancrage.

Allez, puisque vous éditez votre page
Préparer le jugement en modestie
Que vous réserve l’éternelle loi polie.

Allez, ô résider dans vos farouches cochons
Compter le nombre infini de vos torchons
Fiers d’emballer vos noires toxines.

Allez contemplez dans les nuits divines
Les étoiles faire tomber au premier lieu
Vos maîtres sous la commande de Dieu.

Allez fuir ô séjour de maudits enfers
Que le poète fou dans ses bénis vers
Ecrit nageant dans son océan rond,

Allez hurler de pleur dans votre trou profond.

Bukavu, le 2 et 3 avril 2016

VI. LES MISSIVES

POEMES

Ils sont mille à souffler dans les arbrisseaux
Que les tètes dans les rues d'épaisses ébènes
Leurs vivifient, amours folles et amènes.
Dorment dans les temps frais en petits berceaux.

Si affectifs dans les huttes des lionceaux
S'élèvent sur des têtes, pareils aux antennes
Noircis dans la boue de nocives scènes
Qui naissent gonflant dans des ruisseaux.

Ils picorent ma robe, farouches abeilles,
L'écrivain pensif gronde dans ses pensées
Que le cœur est vaste à des fuites insensées ;

Toute débâcle entrevue, sottes retrouvailles,
Le poète inconsolé se bat pour ses emblèmes
Qu'écrase le monde et qui viennent eux-mêmes.

Bukavu, 17 février 2018

PLUME ETERNELLE

Dieu par les hommes qui voudront sentir
Ses balades, a voulu admettre la poésie.
Sa portée dans le calme de la prophétie
Se lit dans ceux qui s'exigent d'y partir.

Les cygnes d'Esaïe, de David, de Moïse
Assortis des promesses qui effectueront
Des visions. Depuis il nous maîtrise
Exécutant ses suivis sur ce vieux rond.

La peur vomit ses crochets sur le monde,
Jean promet le venin d'escarpée vipère,
Et la paresse des hommes qui se féconde.

L'humanité pleurant enfermée en sa tanière,
Mais par sa planète infinie et ronde
Voici que le diable tous nous sonde...

Bukavu, 9 juin 2016

LES MISSIVES

Je n'écris pas pour seulement de l'argent,
Car la monnaie c'est du vent
Et qui ne remplace pas le mot.
Mes vers n'écoutent rien, ils ont l'air sot.

Car ils se nourrissent des faits
Dans l'enceinte de leurs paraîtres parfaits.
Un physique insensé et une allure réelle,
Ils sont faux même dans leur robe inhabituelle.

Souvent je souffre, enfui dans mon somme,
Je sens que je suis deux, je sens qu'un Homme
C'est du sable nonchalant du rivage :
Il s'en ira peu importe son rouage.

Bukavu, 13 mars 2021

CAVALIER

Le poète dans son monde ne vit pas en conducteur
Qui ouvre son courant malaisé et imposteur,
Il regarde son contour en ne s'apitoyant
Comme un diable sur son sort fuyant.
Il devient scribe quand le monde devient menteur.

Hugo avait écrit, par la force de son regard
A sa cavalière de fille qui portait un rêve vantard.
Ici on adresse ses âges, voyant passer les années
Qui ne nous octroient que des galeries sermonnées.
Sans entendre, je crie pour que m'écoute Ronsard.

La Terre, rongée par le choléra, l'attentat,
Ne sait plus contre quelle armée elle se bat.
La souffrance et le bien ont été tous validés
Par les parlements. Mais les borgnes intimidés

Ne sont plus associés à aucun débat.

Bukavu, 15 avril 2016

A CES POETES

(Aux poètes français du XIXème siècle)

Et ce siècle romantique qui s'évanouit
Tant volent encore de fous oiseaux
Après cent ans, ce jour et cette nuit
Qu'ils ont connus les pages de mes roseaux
Ma tête s'est mise à bâtir ses réseaux.

Dans mes vielles pensées, je les rappelle
Encore vieux en leur paradis endossé
Que toujours sous leur branche immortelle
Je m'assieds, pensif et souvent délaissé
Rêvant de nourrir son poème déstressé.

Seul sous une lune noirâtre de la forêt,
Des vers volant aux airs doux et violents de la nuit
Je sens assis sur sa tombe, Musset
Hurler au son de mon siècle de s'enfuit.
Je reste seul, face au monde qui se réjouit.

Ils ont voulu loin de mes pleurs naître
Dans des ères faciles où ils allèrent mûrir
De leurs luths la vive poésie pour n'être
Que des vies à sang rouge qui devraient mourir
Sans qu'il ait été au beau temps pour atterrir.

Mille à avoir voulu offrir du vin cru,
Ils conduisirent les français, et Victor
Barbu comme s'il n'aurait envie d'être cru
Sait manipuler ce pauvre congolais encor
Qui se couvre en vain d'un colis d'or.

Mais dites à la profonde de vos hauteurs,
Vous qui condamnez de vos âmes insipides

La mollesse sur quoi s'assoient mes malheurs
Ce qu'elles feront de ces vents ni chauds ni barides
Que nous jettent des vagues emplies d'acides.

La vie s'entasse en souffre, les soirs sont cruels.
En plein midi, le soleil tout chaud rougit
Le pauvre humain qui perd tous ses duels.
Sur le mont qui touche le ciel sombre rugit
Le lion qui dévore le mourant qui réagit.

Lorsque le poète se met près des guerres
A écrire les combats des troupes insatiables,
Regarde vers les brouillards une pluie des pierres
Tomber pour écraser ses folies infatigables,
Il parle au lion, le lion ignore les fables.

Sitôt consulter mon âme qui vous reproche
D'être parti avec tout dans vos tombeaux
Les uns sous un saule, les autres sous une torche ;
Seules victimes des poings, des climats, des fuseaux
Nous couperons au moins les becs des couteaux.

Bukavu, 23 mars 2018

LE CYCLONE

Je sortis triturer ma manie sereine
Sur mon balcon troué par la rose étoile,
Le vent se couvrant des feuilles de pleine
Fleurit le désir mince de mon voile.

Le visiteur balance mon shirt de laine,
Mes yeux fermés par la force qui se dévoile,
Bukavu regarde et fixe son antenne
Sur les mots définis de mon plissé toile.

Mon voisin dont les cheveux ondulent sur les cotes
Me ronge de cris et un vilain trouble
Qui, quand je regarde ailleurs, se double.

La froideur divulgue mes enterrées fautes,

La Lune éclaire les branches. Et la nation
Des astres pleurent de joie dans ma fiction...

Bukavu, 9 juin 2016

SAGES ANNONCES

(A Victor Hugo)

Je soumets ma fusion ô sage poète
Que je saillis, que ton art m'envoute.
De ma matraque, de ma brusque valise
J'aime ton fort langage qui me franchise.

Ici on voit la vie, par son mouvement palmipède
Voler haut avec les charmes qu'il possède.
Je crois que dans les cieux, des soubrettes désormais
Jaillissent dans ta salle en robe que tu parfumais.

Ton rêve sonne, ta pensée parle sur mon toit
Ou que je surmonte, Léopoldine croit
Que le deuil que tu as fait est le flambeau
Qui orne le haut de ton éternel tombeau.

Hélas, Paris est loin, ta vue sur sa muraille est veuve !
Je crois voir l'élégant Rimbaud et Sainte-Beuve
Naître charmants dans un siècle d'avant,
Où écarté est le mal, bel est le vent.

Dans mon pays opulent et stressant j'enrobe
La langue des poètes fanfarons qui absorbe
La vieille nausée de venir d'un pays nègre
Qui voit son Est ensanglanté devenir aigre.

Hélas, le monde où la vue sur la montagne est verte
S'est vue remplacée par une planète déserte.
Mais l'on se verra dans un spacieux livre
Dites à Rousseau, Daudet et Molière l'ivre.

Bukavu, 19 février 2016

LES AMES INVINCIBLES

Quand je lis les poètes
J'enseigne souvent à mon génie
Mes temples et mes sectes
Et le verbe qui me manie.

Mon idéal cerveau les avale
En son soleil blanc je nage
Avec tout Burinyi que je signale
Est l'astre frais de mon ouvrage.

L'enfer dans son exil et son aile
Brisée, s'agite et se mord
Tandis que moi je chante et me mêle
Dans un Bohème dont je suis à bord.

J'aime le vin déchiré de leur puits
Qui le fait marché libres en leur sommeil,
J'aime leurs Martyrs et leurs Nuits
Les suivant chacun de son cercueil.

Ils ont été depuis des ères
(Je l'aurais dit à Lamennais),
La lyre absente des manières
Et des luttes que je menais...

Poussant en moi leurs puissants vers
Plongés dans mon géant tiroir,
Ils laissent mes profits marché en l'envers
Pendant la grâce sur moi veut pleuvoir.

Mu Ntanga l'anglais du grand Congo
Prophétise son entrée aux Etats-Unis
Par le vent de son grand Kwango
Et par sa colère envers les impunis.

La Fontaine et son trapu Fable
Montpellier jouissant de ma faveur
Sourit parce qu'il me ressemble
Chantant les Lamentations chœur.

Cedar amoureux de la bonté
Avec Mobutu dans sa marche ponctuelle
Crie à l'hivernage couvrant sa santé,
Et moi je lis les racines de la poésie belle.

Homère, redouté dans ses épopées
Calme dans sa pieuse enfance
Ecrit à Blake dans ses bibles groupées
Couvertes de la touffe à outrance.

Shakespeare rêve de la Catalogne
D'Esope dans son couvre-momie
Et de Juliette qui rend ivrogne
Roméo qui n'oublie pas son amie.

Muzalia, l'effrayant passionné
Du résistant champion de Quasimodo
Poursuit son acte couronné
Dans les lyriques de Quevedo.

La langue imite ces troubadours
Et les suit sans ses longues Balades.
Les Goncourt s'assoient dans cours
Avec Sœur Philomène et Débordes.

Bukavu, mars 2016

INNOCUITÉ

J'espère retrouver ma douce image
Dans les normes. Je veux finir
Avec les mains sales dans mon ombrage
Qui m'use tout seul sans le pays de mon souvenir.

Je n'écrivis point lorsqu'on put tant sentir
La hauteur des marées du faux sage.
La jeunesse, des fleurs qui vont périr
Dans un soleil qui ne console leur cage.

Les maux sont immortels. Le pauvre monde

Met des chaussures noires où se fonde
Le naufrage des hommes et des brousses.

Le bruit sans cesse dans les airs désolés,
Les nuages détruits chantent inconsolés
Laissés sans pistes ni rescousses.

Bukavu, 3 juin 2016

BAUDELAIRE

Que pensait ce pauvre fou ? Pourquoi sa barbe
Etait intangible ? De sa fleur superbe
Je me suis mis à penser dans ma solitude
Sur le rôle que joue la négritude
Aux vivants racistes, de mouvants tableaux,
Des oiseaux volant des vents nouveaux.
Que manque-t-il à son engouement buccal
Pour exprimer ses sentiments à Jeanne Duval ?
Je lui aurais écrit des lettres
Si je vivais à l'époque des manettes
Dont il se prémunit contre la belle Sébestier
Afin que sache le monde entier
S'il avait en son sein un cœur inanimé
Pour éviter à grand prix cet être exterminé.

A qui ses arts s'étaient-ils adresser à leurs fins
Pour être poursuivi par des grosses mains ?
Il était créatif, que je lui donnerais un point,
Même s'il se donnait son propre coup de poing.
J'aurai raconté à Asselineau
Avant qu'il meurt, me parlant d'anneau
Qu'il aurait offert à mes lettres élégantes
Décrivant ses chevelures noires et galantes
Dont je me souviens qu'il en faisait usage
Afin de ternir son vague âge.

Rien ne démontre ô poète endiablé
Que dans le champ de maïs tu semas le blé
Lorsque tu n'en eus plus besoin pour nourrir
Ton odeur indécise dont tu voulais offrir

A l'apparence de ton illustre silence
Qui choque tes poèmes qui font à l'enfance
Ce que lui ferait un vilain esprit
Qui vient, qui va et qui périt.
L'allusion à ton savoir est insoucieuse
Dans le va et vient de tes mots, est silencieuse.
J'aurais aimé vivre ton siècle difficile
Où comprendre tes Lituanies est gracile.
Mais j'avoue que je n'aurai pas d'énergie
Pour vaincre tes bijoux joyeux de nostalgie.

Bukavu, 13 mai 2016

L'ENNUI FRIVOLE

(A Gervais Ajua L.)

Nous jouant d'entourloupette, car le monde n'est plus monde,
Par la jalousie, il rend nos efforts futiles
Se battant pour que demain ne soit pas inféconde
Qu'importe-nous, nous tenons à moins de deux piles.

Dieu depuis son ciel nous parle à travers les ondes.
Tout lui appartient : mort, vif, fort ou docile.
Mais nous sommes occupés à ne voir que nos vies rondes,
Ephémères, et à maquiller notre Terre fragile.

A ceux qui sont morts avant moi, je dis : vos allées
Sont des routes qui vont vers des sentiers inconnus,
Puisse Dieu gommer par pitié vos actes mal tenus.

Aux vivants je dis qu'il n'y a du bon dans vos vallées
Emplies de buildings. De croire en leur saint sauveur,
Car une fois éteinte, cette vie est sans valeur.

Bukavu, 17 décembre 2020

UN JOUR SUFFIT POUR LES DESUNIR

Ils roulaient ensemble dans des lieux que la vie
Crée pour souvent nous endurcir.
Sans se plaindre, leur mère était leur meilleure amie
Mais un jour suffit pour les désunir.

Les voisins jaloux de leur avenir pur
Qui se dessinait opulent
Jacassaient, ne comprenant par leur mental dur
Sous un robuste vent.

A quatre-vingt kilomètre de la ville verte
Dormaient de fermes racines,
Dont le diable poursuivait à sa perte :
Le bien le faisait d'épines.

Dieu par son immense bonté vit donc
Qu'il devrait sans doute offrir
Honneur et trempe à leur assidu tronc,
Mais le monde suffit pour les désunir.

J'en ai compté, assis de loin. Ils étaient douze.
Et leur mère, pour les voir grandir,
Faisait du travail qui salissait sa blouse.
Et moi, je la vis réussir.

Le père passait ses années à courir le risque
De se faire détester en famille ;
Il aimait ses êtres mais d'un amour empirique :
Il prenait une vie qui les pille.

Souvent, sans qu'aucune loi d'enfer n'abatte
Leur foi qui ne devrait finir,
Ils se réunissaient, assis sur un tissu de natte.
Un jour leurs femmes suffirent pour les désunir.

II

J'ai vu l'amour mis de côté. J'ai vu disparaitre
La grandeur sublime de l'affection familiale,
Le diable s'emparant d'épouses dont viennent naitre
Le mal dans ses formes et la désunion colossale.

J'ai des frères combattre côtes à côtes,
S'entraider quand les démons volant dans leurs airs
Noircissaient tout en chantant leurs horribles notes,
Ne se quittaient puisqu'ils formaient de mêmes chairs.

L'on grandit entre frères, récoltant ce qu'on sème,
Moins plaintifs, acceptant le châtiment du manque.
Dans la plus profonde bravoure on s'aime
Et Lucifer dans son ciel noir le remarque :

Il entre via quelques épouses qui ne savent pas
Qu'elles habitent nos cœurs mais souvent pas nos passés.
Ils tombent de nulle part, avance à petit pas
Pour délier famille et cœurs stressés.

Pourquoi passer nos vies à prendre soin l'un de l'autre,
A foncer par notre charisme sans nous affaiblir
Dans cet avenir qui nous mène vers sa propre montre
Quand un jour suffit pour nous désunir ?

Bukavu, 10 janvier 2021

CETTE ENVIE QUI S'ASSOIT EN MOI...

Cette envie qui s'assoit en moi comme s'assoit
Le bon Dieu, puissant sur son trône sempiternel ;
Sur mon menton s'installe et sur mon toit
Pour contrôler à jamais son voir informel.

Elle jaillit de partout et souvent de nulle part
Soucieuse de mon regard sentinelle. Souvent
M'allume sans controverser mon départ
Car elle aime le champ où souffle mon vent.

Sous un griot de miroir, j'entrevois d'amertume
Ce que devient l'Homme terrestre qui n'aboie
Que pour une allure gauchiste qui l'allume
Et dont il devient sans relâche une proie.

Puis, dans mon cœur et au cœur sa ma lourde tête

Poussant à crier et à rêver de mon savoir
Accru après ma gloire. Ensuite je vois la fête
Qui fait fuir le chagrin vers le noir infondé du soir.

Elle est là toujours, elle me voit maigrir ;
Et quand je perds espoir, vient me le rendre.
Elle me dit : « je veux aujourd'hui te voir souffrir,
Demain triompher. » Elle est l'envie d'entreprendre.

Bukavu, 8 octobre 2020

A DAVID KABUMBA

Mon ami, les années sont folles
Quand elles donnent des rides molles
L'on jouit de ce qu'on eut semé
Lorsqu'on souffrait en son état enfumé.
Elles ne sont pas le jeu de rien :
Nous sommes notre mal et notre bien.

Il souffla comme le vent doux du rivage
Et comme les eaux bondissant d'orage
Le cri de joie et de continues impressions
Qu'on eut vécu la venue pieuse de celui
Qui sortit de l'ombre tiède qui s'est enfui
Depuis des ans dans le vide que nous fuyions.
Le dixième jour d'un soyeux mois d'octobre
Naquit un suave ami, fort comme un arbre
Qui aujourd'hui, plus ample et plus mûr encore
Apprécié par l'exacte ardeur des vents
Et soupesé par la laideur fâcheuse des temps
Nous trempe à l'ubac de son beau aurore.
Que ceux qui vivent les deux mille des roses
Qui lui veulent des jours moroses
Voyant dans les yeux candides de l'horaire
Des joies lugubres, que ses amis francs qui sont
Ceux qui ne lui font aucun mauvais pont,
S'écrient : « cher David, joyeux anniversaire. »

Que cet an de plus soit le moins arrogant,
Qu'il en apporte dix qui en répareront cent.

Bukavu, 12 octobre 2017

VII. LES MYTHES

PLAINTE

(Aux héros)

Zeus, c'est par ma main vidée que je t'explique
Depuis ces années fleuries du verseau épique
Dans le royaume meurtri par un qui excite
Par sa jalousie le mal en lui qu'il suscite.
Zeus, ne lâche pas Hercule qui t'explique.

Zeus, c'est par ma gaieté que je me suis mordu
Chutant sur un tapis vicieux qui va tordu
Sur une misérable nation qui nous a été promise
Par le mal incarné dans la pire surprise.
Zeus, ne crache pas mon visage mordu !

Zeus, c'est la vanité que l'homme maladroit chante
Pour une courte demeure pourvu qu'on le vante
Bouleversé dans son trou par ses secrets mal acquis
Oubliant que le désir est un effort troué et exquis.
Zeus, c'est pour rien qu'on danse et chante.

Zeus, c'est dans l'ordre que nous, on s'entretue
Par la rude carapace, empoisonnant la tortue
Pour envoyer sa survie vers le temps agité et noir
Afin que sur elle, la turbulence vienne s'asseoir.
Zeus, ne te cache pas lorsque le peuple s'entretue.

Zeus, c'est par ta foudre que le robuste Jupiter
Jette sa lumière vive au fin fond de la mer
Mon eau salée est détruite pas son sucre
Que le monde informel dorlote pour le lucre.
Zeus, ne nous laisse pas envahi par Jupiter.

Zeus, on a ici-bas la quasi-absence de Danaé
Pour bâtir avec nous de nouvelles arches de Noé,
Que notre cité ressemble à un Etat grec
Parcourant le temps humide et l'air sec.
Zeus, peu ici-bas ont trouvé leurs Danaé.

Zeus, notre Etat devient un impossible labyrinthe

Qui tremble et alimente en nous la crainte.
Enfants et femmes meurent dans l'inégalité,
Ils attendent que tu diminues son âpre acuité.
Zeus, ne mâche pas de colère ce labyrinthe.

Zeus, c'est par la puissance qu'on est maître
C'est par la volonté et l'amour qu'aime naître
Le changement pur qui a quitté nos cerveaux
Et s'est assis par peur sur de pointus claveaux.
Zeus, on veut à tout prix changer tout mauvais maître.

Bukavu, 1, 2 et 3 avril 2016

BACCHANALE

(Aux cœurs éhontés par le mépris)

Je me suis mis ici ô fantôme !
Savourer des mythes, orifice viral
Où que tu parais, où que tu enfumes.
Je doute encore, cher immoral
De tes nervosités toutes infimes.

Bacchus, dieu à qui on s'oppose,
Toi qui chuchotes à la synagogue,
Qui ne nous a rien permis d'overdose,
Sourd tout au long de la vague
Tu marches sur des routes dont personne n'ose.

Rien pour rien. Tout pour rien
Nous nous offrons des rations tout affolés,
Humbles débutants qui finissent bien
Des savoirs et des secrets dévoilés.
Notre monde a un désir lilliputien.

Je viens de près pour vivre
Dans le monde endurci des lilas,
Les pistes d'un homme tout ivre
Où qu'il mette de pieds, hélas
Il tremble longuement, pris de fièvre.

Bukavu, 5 janvier 2015

EUTERPE

La mélodie est solide comme est rude le bec
D'une Autriche affamée. Par le labeur sec
Ta musique console l'ivresse incoercible
Quand l'homme découvre être son propre cible.

Je parle à mon cœur, voici Terpsichore
Ouvrant sa beauté bacchanale - dévore
La solitude de mon calme et m'adresse
Ses oublis et devient ma maîtresse.

Absent dans les Nuits de Musset, mon épaulette
S'ouvre et je danse la rumba sourde-muette
Mes mots flous passant me rendre moins fort
Comme un lion mou et rassasié qui dort.

Condamné dans le noir, la vigne tue l'homme vivant
Mais la belle musique le ressuscite dans un vent
Qui déteste l'orgie et devient dégrossi
Dans son vide divin et son relax réussi.

Bukavu, 13 février 2016

CALLIOPE

Je murmure seul dans ma timidité
Pendant que mon calme devient pleurard.
Je donnerai par mon piquant regard
L'essentiel de ce que j'aurai mérité.

Voici que mes paroles ne viennent pas
Comme si elles trainaient dans ma voix,
Ecris avec moi, dans la route de mes choix
Sur ma poésie qui revit et qui ne mourra pas.

Mes vers comme un ange, me font chantonner
Et pleurent sans cesse ma plume disparue
Offrant sans équivoque de quoi s'époumoner.

A ta mère fictive que je n'ai jamais vue
A ton père vieux et qu'ils donnent des années
J'écris pensant à mes visées malmenées.

Bukavu, 4 avril 2016

A LA MERE DES SIRENES

(Aux mères de plusieurs filles)

Dis à celles qui habitent le profond du lac
Que les pêcheurs, les proies qu'elles amassent
Viennent à bord des pirogues en vrac,
Que l'eau innocente attend qu'elles les amorcent.
Il est clair chez vous quand ici il fait noir,
Sur le rivage qu'elles voudraient conquérir
D'épines vigoureuses ou elles veulent asseoir
Leur boulimie. Leurs pouvoirs vont périr.

Toi qui provoque la colère de tes filles,
Qui chuchotent dans l'onde comme des grenouilles,
Toi qui connais bien ta vaste progéniture,

C'est ta loi qu'elles imposent. Les chenilles
Marchent à leurs dos et toutes leurs victuailles
Font pleurer le reste de leur confiture.

Bukavu, 2 mai 2016

VIII. AUX VENTS

LA SOTTISE DES MOTS

Ce que disent les cœurs tourmentés est vain,
Troués par la laideur des mondes qu'ils ont créés.
Et la bouche du tyran ou du hautain
Est emplie de faux mots qu'ils ont procréés.

Saluez ceux qui, par les mots, détruisent la vie,
Leur bouche est une épée qui tue par la parole.
Mais Dieu qui nous créa est un Dieu qui nous lie
Par sa sainte justice et par son monopole.

Mon cœur répète : « heureux ceux qui parlent peu ».
Et moi je le réponds : « honteux ceux qui ne parlent pas
Lorsqu'on tue à Beni ». Mais je laisse à Dieu
L'arme qui désolera le tueur du peuple bas.

Bukavu, 26 avril 2021

RUZIZI

Je veux vous voir ô sentiments que je suspecte
Venez m'attendrir avant qu'on m'infecte.
Vous qui nous envoyez droit joindre les morts
Venez contempler ce que Dieu fait à nos sorts.

Je remarque, grandissant près de ces quartiers
Tes eaux couler depuis le haut des sentiers
Remportant de leur passage au village
Le plus près, des humains de jeune âge.

Tes proies sont noires, ta peau est verte.
Tu sors de ton entrée d'apparence inerte
Et tu fais taire les gens où tu surviens
Où ils bâtissent leurs huttes près de vos liens.

Et tu dis que ta coulée est fort solide,
Au-dessus de ta âme rapide
Coulent doucement les habitats mal construits
Près de tes rivages mal instruits.

Mais tu devrais savoir que le poète ne ferme pas
Sa bouche. Il écrit ce qu'il contemple ici-bas
Et Dieu se charge de ses troupes incomprises
Car ce sont elles qui provoquent tes surprises.

Bukavu, 12 février 2015

PAROLES EMPORTÉES

Une pluie forte déroba
Toute une colline à Nguba,
Des frères suivirent à pendule
Le martyr d'un cœur crédule.
Leur espoir fit un air qui tomba.

Il marche à pas ivre
La tribu qu'on fait vivre,
La Ruzizi brune évolutive
Enragée de dose abusive
Que l'amour n'a su suivre.

Les adieux étonnés m'ont mordu,
Mais de vanité me serait rendu
Le vouloir niais qu'ignore
La bouche de ton cœur sonore.
Et la haine m'a confondu.

La gloire étrange qui s'enflamme
Très pale envers d'autre âme
Au nom du désir exacerbé
Est un fusil qui s'est exhibé
Comme une lame qui détruit une arme.

La galerie t'en veut et fleurit
Comme un vaste désert qui rit,
Comme je trainai seul un dimanche
Dans la foule où, franche
Ma médaille s'y endurcit.

Rien n'accuse mon prédire

Les prophètes qui sauront lire
De mes sourcils commodes
Distillés devant mes codes
Me verront coller sur l'écrire.

La déception n'est qu'une visite
Momentanée qui conseille vite.
L'amour parfois nous console
Et quelques fois encore nous vole
Nos vastes baisers qu'on s'imite.

Bukavu, 11 janvier 2016

PAROLES D'UN REVOLTÉ

I

Je ne suis pas un ange qui voit tout bon,
Mais un homme chez qui faire le bien est un don.

Je fuis de mon orgueil altruiste tout ce qui pratique
Cette vie de crime, sacrée et dorée : la politique.

Conçue pour bâtir un monde où tout encore harmonieux
Ressemble comme dans les rêves de génie, aux cieux ;

Mais battu dans un air fou où le monde pleure,
Les humains abandonnés dans leur triste demeure !

Je hais ce qui bouge sans mérite et sans cesse,
Le genre de prêtre mondain qui lit chaque messe.

Mais la vie me rend ce qu'elle aime m'offrir
Contrainte de voir ce qui veut me faire souffrir.

Hélas, elle ne donne pas cadeau, elle me jalouse !
Inscrivant ses taches dérobées sur ma blouse.

Invisible comme le vent, violent comme la nuit
Elle noircit ce que j'aime dans un éclair qui me fuit.

Je hais par la haine véritable qui nait de rien,

Je hais quelques pratiques qui me traitent de chien.

II

Dieu est bon, ses rayons m'épargnent et son ciel
Coloré de loin par son puissant soleil
Me couvre toujours de la méchanceté de la vie
Et déterre les courants endiablés qu'il scie.
Il fait peur à tous, oui, car il connait !
S'ayant offert le privilège de faire ce qui nait :
Ce qui respire en nous quand nous mourons
Ou lorsque sans raison nous disons que nous savons,
Les litres d'eaux des mers et d'océans vastes
Calmes et sévères, modifiés et chastes ;
Le nombre d'oiseaux et la minceur de leurs pattes
Lorsqu'ils s'envolent, des ailes plates pareilles aux lattes.

Il connait pourquoi Lucifer nous endeuille encor
Et pourquoi l'enfer possède un frustrant décor ;
Les anges de leur beauté n'ont aucun pouvoir
Quand il leur ravit le temps et le savoir.
Il est et il vit des siècles, pour toujours
Sans complexe, sachant ce qui bouge nos contours ;
Il gouverne par ce qu'il dit car il contrôle
Tout ce qui est ou n'est pas. Il est la parole.

Bukavu, novembre 2020

PAROLES AUX BEAUX VENTS

I

Vous naissez quand ceux qui me souhaitent le meilleur
M'avouent d'un cœur souriant et empli de joie immense
(Pareil à celui de celle qui voit mon demain intense)
Que le bon Dieu punit par sa fureur le menteur.

La lune dans son clair blanchâtre tel les yeux d'enfants
Lorsqu'ils contemplent leur avenir aiment regarder,
Masque les airs nocifs devant nous voulant bavarder
Tant son froid, sa lumière et sa vue sont charmants.

Vous soufflez ô vieux vents qui jamais ne finissent

Sur des toits malingres de nos maisons vieillissant
De peur de les retirer leurs tôles tarissant.
Les anges qui les amènent sont ceux qui nous connaissent.

Maintenant que je trouve que derrière mon savoir
Vous ornez les cieux que les saisons aiment jaunir
Vous couvrez les anges, les bons cœurs et l'avenir,
Il vous faut donc dans ma vision, venir vous asseoir.

Ruzizi dans son vert faisant peur aux petits
Dont les mamans lessivent sur ses sables absents
Implore le pardon immérité pour ses maux lents
Infligés aux hommes qu'elle offre à ses appétits.

Et moi : homme envouté par le goût de suivre
Toujours les traces de mes rêves d'intellectuels
Confronté à des démons durant de pires duels
Les vents divins sont passés pour me faire revivre.

II

Les gens qui ne s'aiment pas et qui font d'adieux,
Les pays qui se battent pour des fins hypocrites
Qu'ils avancent pour bâtir de nouvelles Egyptes
Dont le Sahara n'existe que chez de faux dieux ;

Les politiques secoués par la rage mondaine
De toujours avancer dans la terreur aveuglante
Que subit le peuple sibyllin qui se tourmente
Parfois, et parfois ne sait à qui offrir sa haine.

La femme, quand elle porte sa farouche blouse
Et ignore l'enfant de son mari, d'un esprit rebelle ;
L'homme et son égo lui démontrant qu'elle est belle
Oubliant ses enfants assis sur la pelouse ;

Le président qui nous traite de nation à bâtir
Sous le chaos qu'imposent les valeurs ennemies
Mais qui vend notre diamant pendant ses diplomaties
Le mal des enfers qui un jour devra finir ;

Les hommes étrangers qui pourrissent d'opulents champs,
Qui nourrissent d'enfants troués par des guerres futiles,

L'armée des traitres, les champs de bataille stériles,
La roue des assassins qui noircit le temps ;

Les âmes vendues pour terrifier les orages
A des satans maléfiques bénissant les duels
Afin que les goûts des eaux qui pleuvent soient cruels ;
Que tous sachent que les beaux vents effaceront leurs âges.

Soufflez toujours car il existe éternellement d'hommes
A genou comme des juifs priants sur les montagnes
Et du sang d'enfants tués coulant sur des pagnes
Sans couleur et sans savoir d'innocentes femmes.

Bukavu, 19 juillet 2020

DE LOIN, SUR LES MONTAGNES...

De loin, sur les montagnes, cruelles et folles,
En dessous des cieux et du soleil peu jauni
De loin, mêlées à du brouillard, elles sont belles
Et vertes dans leur chaine en l'horizon infini.

Et je les regarde de près dans les lumières molles
Un soir dans un soleil fatigué et puni
Par sa vieillesse. Je comprends que quand nos colles
Deviennent âgées, notre pouvoir est honni.

C'est ce qu'est l'Homme : parfois son appui nous est donné
Sans relâche, prend notre confiance et en font
L'arme pour détruire ce qu'il n'a pas maçonné.

Vu de près, il est l'artifice incommode qu'ont
Produits les diables déguisés et leur pays infernal.
Il faut vivre son monde même quand c'est un radical.

Bukavu, 6 février 2021

TOMBEZ Ô MONTS...

Tombez ô monts de là-haut
Qui vont et prouvent de leur saut.
Des énigmes nous visent sans bruit,
S'assoient sur un vent qui s'enfuit,
Le sol de la Terre s'effondre
Sur lui-même, dur et tendre,
Venez nous détacher de l'empire
Ô vaste bleu-blanc qui chasse le pire.

Tombez avec votre joie qui marche
Vous qui n'avez pas d'allure lâche,
Ô cieux dont nous adressons paroles,
Sans détour et sans louches paraboles ;

Tombez ô monts qui pleurent
Qui sourient et qui parcourent
L'état compliqué et absent
De la direction de notre vent.
Les moments vont comme les vies,
Les joies éphémères nous sont ravies,
Mais j'ai envoyé sur des gravés courriers
Des lettres qui décriront sans relâche nos métiers.

Tombez ô monts bleus et blancs
Contempler nos dépourvus flancs
Durs envers tout danger.
Que les années n'ont déranger.

Tombez pour ces moments vilains
Couverts de vos doux crachins.
Cachez votre double couleur en noir
Lorsque la nuit nous renvoie son soir.
Je mets ces sempiternels cachets
Dans le cœur de mes longs versets
Sur votre rude couloir endurci
Par votre eau incongrue et le souci
De voir les humains recouverts
Des visages contraires des déserts.

Bukavu, avril 2015

IX. LE DETOUR

A CELLE QUI ME MAIPRISE…

Tu m'as dit par tes paroles audacieuses
Qui depuis se répètent dans mon cœur
Que tu aimes par ta plus forte ampleur
Mon esprit fou et tes amours tortueuses
Sont l'intonation de tes âmes mineuses.
J'ai rétréci la longueur de mes oreilles
Pour colorer nos fermes retrouvailles.

On était retenus sur ces herbes farouches,
Suspendus sur des planchers comme des oiseux issus
De forêts noires et dévorées des pays déçus ;
Les vents brutaux qui s'emparaient de nos bouches
Posaient leur silence imprévu sur nos airs louches.
Ruzizi murmurait entre les graines de pierres
Et on se tut comme des pèlerins dans leurs prières.

Aujourd'hui, je me tiens dans mon allure de rêveur,
Ces pauvres sentiments dorment comme des chiens.
Mes supplices dévorent de force leurs palis biens,
Et chaque année nait une nouvelle douleur
Dans les ruines qui détruisent mon pauvre cœur.
Il constate dans ton camp un silence assassin
Qui cachète en moi son enlaidi dessin.

Et j'ai relu sur tes faces internes
Les mots nerveux qui poussent dans leurs dedans.
Connaissant mes profonds d'il y a quelques ans
Ce sont des clés via lesquelles tu m'emprisonnes,
Et pour longtemps me coince dans cet angle des sennes
Qui se construisent les nuits pour un pire garçon
Qui engloutit les fruits de son propre frisson.

Ma tête est un homme nouveau qui est endeuillé
Par sa compréhension, hélas, et par ce qu'elle remarque
Sur des cotes obliques et leur versant démoniaque.
Ton amour malheureux est un souffle entortillé,
Il a mis du poison dans mon cœur qu'il a fouillé
Dans mes pensées ineffaçables et dans mes insomnies

Qui m'accusent de leur jouer des calomnies.

Ainsi, évitant d'envoler les traces, je me promis
Evinçant la perte de ma personne bien-aimée
De toujours ressusciter la vérité inexprimée
Morte sans ses racines comme de grandes fourmis
Captivées par des rapaces dans un lieu insoumis.
Je mis un tas de pensées sur notre duo délicat
Qui mourait et renaissait dans son cours malfrat.

Sans raison, comme un seigneur de défaite,
Qui livre une bataille dans un siècle, indécise,
Je me voyais combattre pour une âme imprécise
Dont l'existence est un choc qui me maltraite
Et qui est l'inverse de ce que mon cœur souhaite.
Je t'écris pour t'annoncer que cette plaie criminelle,
A un voile qui couvre sa cicatrice sempiternelle.

Bukavu, mai, juin 2016

L'IMPOSABLE

Le monde est un ensemble d'examens
Où les hommes tous encroûtés encor
Par l'éclat de ses mines d'or
Attristent son voisinage de ses propres mains.

Dieu dans ses fiertés les plus éloignées
Nous a envoyé ravager ou bâtir
Nos voies neuves pour lotir
De notre choix les cotes stagnées.

La mort nous remet son voile
Et s'assoie dans le mur de l'au-delà,
Elle attend dans sa hutte là
Que notre mauvaise foi la dévoile.

Qu'on montre à l'horizon la parole,
Le Satan ou la faveur de faux dieux
Il n'y a qu'un seul des cieux
Qui nous chacun fuir son rôle.

Bukavu, 28 mai 2014

PREVOYANCE

Les filles vous diront obsédées que j'aime
De mon cœur rafraîchi leur foi blême.
Demain est proche et dur comme mes replis
Le tombeau fantasque du souvenir mauvais
Est dans un minuit semblable à ce que je rêvais
Un autre jour oublier le flou de leurs rochers palis
Où se sont dirigés mes enjeux ennoblis.

Ma mollesse polie s'en irait à la dérive
Leur priver du fou baiser qui me prive
D'emblée de mes réussites et représailles.
Si mon corps frémit, la nature l'écarte
De sa carapace qui n'est ce qu'elle reflète,
Comme la pureté use d'étourdies victuailles
La timidité intimide les vieilles retrouvailles.

Le sang féministe ne coule pas dans la laideur
De l'homme qui nait d'une femme de grandeur.
Un jour, le problème de genre devra à jamais finir,
Les oiseaux bâtiront dans la haine envers leur volière
Leur propre survie et dépendront de leur manière.
Des efforts des sages et des bons vont dépérir
Les sales amours. Les cœurs brisés vont guérir.

Répondez à ceux qui osent que vont de paire
Les âmes intègres et leur force oculaire.
Une bonne tête médite ce qu'elle regrette,
Et meurt comme un délaissé pour ce qu'elle aime,
Ou redécouvre pour son bien ce qui l'arme.
Une vie solvable est un tout qui adore la fête
Et ne ressemble pas à l'image qu'elle reflète.

Bukavu, 29 janvier 2016

LE POISON CARDIAQUE

Ce qu'arrose mon cœur en moi me parle.
De son désir de trouver une perle
Sont nées les amours, les routes de trahison
Les beaux jours, les contours, la poison,...

Et je me mets en combats perpétuels
Contre moi-même et contre mes propres rituels
Et je pense toujours sans comprendre
A la racine amère de mon succès tendre.

Que je roule toujours comme roulent les anges
Pour sauver le monde et ses folies étranges,
Je me bataille sur des monts utopiques
Sans armes et sans managements empiriques.

Je pense à mon demain et je constate
Tête trempée dans une songerie fate
Que mes sentiments de sottise et de rancœur
Vivent à côté de ma peur, dans mon pauvre cœur.

Bukavu 16 octobre 2020

CAS NORMAL

L'amour ne finit jamais ses désaccords écoulés
Avec sourire il rajeunit ma mélancolie.
Ses défauts immortels vivent inconsolés
Mais renait en nous sa vieille homélie.

Il marche entêté sans sa cellule salie
Et on roule, honteux, par nos genoux éraflés
Dans le fond de sa terreur établie
Depuis que nos cœurs ignorants sont isolés.

Souffrance ou passion, on s'impose un chant
Dont le refrain est notre séjour suffocant
A l'intérieur duquel nos âmes deviennent démons.

Hélas, qu'importent nos peines minaudées

L'amour déterre ses faces démodées
Et nous fait oublier ses détours sermons.

Bukavu, 1 avril 2016

TENACITÉ

Parfois, s'exhalant apte à faire toute chose
Tenant pour vraies les distinctions de sa dose
Valorisant sans controverse ses monstres lois
        On se détourne mille fois.

Trop de prières pour assez de blocages
        On ne croit plus les âges,
Refugié dans un tout empli de voies ennuyeuses
        Les paroles sont oiseuses

L'on ne voit dans un blanc nulle tache noircie
Héritée chez des ancêtres à la vie obscurcie
Ne croyant plus à la dureté de son passage,
        On modifie la page.

Assez de regards qui nous jugent d'étranger
Lorsqu'on se fait passes pour inconnu passager :
Jugement outre mesure pour des hommes inégaux
        Dans des terrains illégaux.

Dans des collines épineuses, on est moins entraîné
A vivre dans son mouvement ivre et décharné.
Sa vie imaginaire gonflée et jadis magnifique
        Est loin de l'éthique.

On pense que le pays auquel on appartient nie
        Toute bonne symphonie.
L'irréparable s'est installé sur l'instable rivage
        De tout notre entourage.

Mais si le monde y est pour anéantir notre aurore
        Fonçons, dédoublons encore.
Rien n'est si frayant qu'une vie des travaux faux
        Mais qui imitent les métaux.

Un jour nous serons couronnés par la nature
Effaçant dans nous, fissure, piqûre, rature ;
On ne dira guère que notre pays nous imputait
De ce que jamais on ne faisait.

Si la fortune est un trésor qui gomme les fautes
Elles nous feront monter vers les montagnes hautes,
Si nous ne mourons pas dans ces moments cuits
Nous y sortiront instruits.

Bukavu, janvier 2013

ENTOURLOUPETTE

Je ne me sers pas de mes voies comme exemple.
De vos mots qui trainent, s'il faut le dire
Quand ils ne méritent pas mon sourire
Je ne devrais pas être privé de mon temple.

Celui qui me dit qu'il m'en veut et peut m'aimer
Redit qu'à verrou sa porte qui ne s'ouvre
Est cadenassée et rien non plus fait autant vivre
Les amis qui en ouvrent pour m'y enfermer.

Les gens se souviendront-ils de moi dans les justes jours ?
La bonté est une fleur qui ne vit pas toujours,
J'ai vu les gens oublier celle de Joséphine...

Et je retire ma confiance en cette liée ronde
Qui nous garde en vie mais qui nous assassine
Alors qu'on que notre étoile se féconde.

Bukavu, 13 avril 2016

X. LES VERS FERMÉS

LES HIBOUX

Quand les hiboux volent haut comme les aigles
Pendant leurs nuits garnies d'infectes terreurs,
Ils sont ivres de gloire mais ils sont aveugles
Ignorant qu'ils sont encerclés des pleurs.

Les diables sont des mortels, ils sont les gens.
Leur malédiction nous hante et nous courtise,
Ils font entrer dans nos villes des océans
Des deuils engendrés par leur emprise.

Bukavu, 8 février 2021

LE SOLEIL

Le soleil, de son jaune piquant et âcre pille
Le ciel beau dans son bleu-blanc. Son rayon brille
Puisqu'il désire la Terre humaine. Et quand il aime
Il s'offre pour purifier ce que le vivant sème.

L'homme ingrat le jette alors dans sa corbeille
Lorsque sans aviser l'étoile forte l'ensoleille.
Chaque seconde sa vie gigantesque se décime
Une partie de notre survie se supprime.

Son feu congru nous maintient dans ce fabuleux vide
Debout ignorant notre position impossible
Et nous chauffant quand la pluie nous prend pour cible.

Dieu, pour nous protéger de son rayonnement avide
Et sa puissance lointaine, nous a offert
Un mur qui résiste mais que nous rendons désert.

Bukavu, 14 février 2021

QUAND TU FAIS TON CHOIX...

Quand tu fais ton choix pour tes faims, ton mariage,
Pour la vie que tu offres à ton puissant créateur,
Et ce que tu espères être la voie de ton bonheur
Ils croient que tu t'offres à un dérapage.

Le Ciel a offert à la vie, pour voisin, la mort.
Le pleur à la joie. Mais il donne toujours
Les nuits pour dormir après de beaux jours.
Car il connait le passé, le présent et le sort.

Bukavu, 12 décembre 2020

PENSEE AUX MORTS

Et si le mort n'entendait plus nos pleurs futiles,
Nos veillées d'hommage, courbés sur de vieux canapés
Avec nos sentiments menteurs et sous-développés ?
Et s'ils habitaient déjà leurs nouvelles îles ?

Offrir de tous nos cœurs, nos matures amours
Encore vivants, lors de réelles retrouvailles
Est toujours véridique. Pleurer lors des funérailles
Est frivole. L'au-delà prend déjà ses totaux contours.

Bukavu, décembre 2020

SEJOURS EXTRATERRESTRES

Les morts, épuisés par l'arrêt de leurs âges
Voient mourir les vieux papyrus des pages
Où sont inscrites quelques écritures de leurs âmes.
Ils oublient leurs époux ou leurs femmes
Qui restent au dépend du monde et ses blagues
Offrant aux survivants d'autres donneurs des bagues.
Ils se noient mais leurs peaux ressortent sèches
Dans un brouillard blanc qui couvre leurs mèches.
Emprisonnés, ils voient disparaître leur verre
Inaptes de réagir quand les vivants sont en guerre.
Le soleil réchauffant leur très courte pluie

Qui tourne son dos et bouche sa vaste ouïe
Quand l'intangibilité effrénée veut mordre
Leur présence dans ce monde en désordre.
Sur les places publiques, ils sont sans bouches
Dans leur marche de singe, sans douches,
Sans prière et les rages floues et sévères
Couvrent la pudeur de leurs vies légères.
Ils aiment contempler de loin l'onde
Couler sur la Terre bleue comme une roue ronde,
Ils parlent les langues et aboient pour rien,
Sur des hommes qui ont oublié le bien.
Invisibles, leurs bateaux roulent ici-bas
Sur nos collines qui ne crient pas
Même quand chantent sans cesse les oiseaux
Tout comme quand les vaches ouvrent leurs museaux.
Ils changent de nom, et leurs identités
Inscrites sur leurs fronts changent dans les cités
Qu'ils visitent comme des sorciers dont les formes
Extravagantes sont moches et non uniformes.
L'ouragan aide à envahir notre ville
Que la troupe enrage sans pitié et pille.
Mais leur cri nous atteint d'un ton pitoyable
Effrayant, manipulable et coupable.
Ils nous envient et d'un bruit tocsin
Ayant envahi le tiers monde non libertin
Nous envoient dans la ligne de la fuite
Que seuls ceux qui mourront verront la suite.
A ceux qui meurent sans bonté ni renom
La vie a mis du cachet noir sur votre prénom ;
A ceux écourtent nos entreprises et nos années
Et qui naissent dans les villes où les fiançailles sont nées,
A ceux qui bouchent l'odeur répugnante
De ceux qui endeuillent la vague vivante,
Aux sinistrés, aux princes et aux hautains rois
Qui créent et bafouent leurs propres lois
Je dis : peu importe la lourdeur de votre monture
Mourir et disparaître appartiennent à notre culture.

Bukavu, 16 avril 2016

LE MAL

Le mal est un rut insensé, une vie rituelle
Qui nous embrase et se renouvelle.
Son marché est un business d'une ère inféconde
Qui s'est installé dans notre soucieux monde.

Il vit en nous et nous transmet son air mauvais
Les cœurs innocents se battent à jamais,
Eparpillé dans nos vents par les chefs et leurs armes.
Le mal, est de la lignée des larmes.
Le mal est ce qui se passe lorsqu'on offense
Sans freinage son épouse
Et qui, en ami s'assied sur son éternelle pelouse.

Le mal est ce qui passe lorsque le politique danse
Alors que ça brule chez nous. Le mal
Est un business d'un réseau barbare et fatal.

Bukavu, 27 février 2021

LE DIABLE EST EPUISE

I

Enfui dans son logis confus et noir
Le Diable est fatigué de son manoir
Orgueilleux comme ses sciences perdues
Il sent en lui des noirceurs confondues.

Passant ses séjours dans la race des morts
A coller l'être humain sur ses sorts,
Il est mort depuis qu'il est animal
Apprivoisé par le goût terne du mal.

Son nombre est foyer de faux caractère
Qui n'apparait que quand il n'aurait guère
Songer à anéantir la ressemblance de Dieu,
Aidé par son enfer qui se prend pour enceinte de dieu.

Caché dans le foyer de son propre soir
Lucifer se piétine sur son trottoir,

Malicieux quand il enterre les hommes
Qu'il compte comme un paysan compte ses pommes.

Ivre comme un père qui oublie
Ses enfants affamés et qui publie
L'oppose de ce qu'il octroie à sa famille.
Le diable n'est personne : ni garçon ni fille.

Condamner d'avance, il remet tout entier
A ceux qui adorent son ignoble chantier
De son pouvoir un présent rose
Et un futur trempé sans l'overdose.

Enfoncé sans choix dans son couloir
Le Diable n'aime pas son savoir ;
Tant il vole tout, même son origine
Il aide votre présent et votre avenir vous confine.

D'une voix roc comme celui qui se moque
De ce qu'il devient et de ce qui le choque,
Il parle de lui, pauvre et prisonnier,
De ses bêtes humaines qui emplissent son panier.

Souriant, incapable de crier et inapte depuis
Que lui chassa celui qui dit « je suis »
Avec sa bande d'anges noircis et dérangés
Couronnés par le souhait de nous voir ravagés.

Troué par la peur qu'il sème dans nos couloirs
Le Diable donne à son monde de dupes espoirs.
De son apparence rêveuse, il succombe à ses sorts
Tué petit à petit par ses hideux ressorts.

Dieu compte ses jours, il le sait. Il songe
De ce ciel où il déguerpit. Rien de le ronge
Que ces chants latins des anges aux voix uniformes
Lui privés à cause de ses vilaines méformes.

Depuis, l'amour le quitta, le jour chassa son regard,
Il s'enfuit dans le noir creux où tout est pleurard.
Le mensonge perpétuel s'installa pour occulter

La peine fournie par ceux qui viendront le consulter.

Bukavu, juillet, août et octobre 2020

XI. LES JOURS

LES MATINÉES

Je regarde des rayons de l'étoile chaude
Dans les durées ouvertes s'ouvrent détournés,
Le coq s'amuse à éluder la mode
Des ans divers et des cœurs consternés.
Le mouches des marrées sales fabuleux
Incrustent dans la société des cauchemardeux.

Les travaux des agendas s'unissent au pic
Des plus expulsés. Et des loups élimés
Sortent pour tuer sans faim le porc-épic :
La nature a souvent que créer des ennemis enfermés
En cabane par leurs propres sentiments inhumains :
Ils meurent de joie aux deuils leurs prochains.

Bukavu, 24 septembre 2016

LUNDI DE MAI

Aujourd'hui j'ai eu de nouveaux passages
Comme un poisson d'ivre humeur sur le sable :
Le passé est un livre de douloureux brassages,
Un livre s'enfermant sur son rituel inavouable,
Et sa demeure qui nous manipule est ineffaçable.

Un ange qui parut dans mon fat souvenir
Est la porte de mes jours morts qui tourne
Aux barakas des cieux pour qu'en devenir
Le mal soit mordu par l'arme qui séjourne
A la limite de sa plus impétueuse borne.

Ma personne a de preuves indénombrables,
J'ai vu des humains me montrer quelques
Ma pensée fuir des mœurs faux et inflexibles,
Des mots se retirer des bibliothèques
De ceux qui n'achètent dans de fausses boutiques.

Mais j'adore les dire de ceux qui parlent de mon sort,
De mon demain qu'ils imaginent assis sur un trépied :
Le moi vivant dans son impasse, le moi mort

Dans son passé insane et le moi ressuscité qu'il sied
De combattre depuis les ongles de son premier pied.

Je bâts dans mon silence un conforme château.
Le monde me dit que mon temps s'enfuit
Dans ses moments absurdes et par son bateau
Qui, comme un Goliath, sans pitié, détruit
Leur vision sur mon rugissement fortuit.

Le luxe dans la vielle hutte qui me vit naître
Est mon voisin riverain. Le vent secouant mon rideau
Connait ce qui sévit dans la vie qui veut paraître
Dans le monde visible. Hélas, ce qui se voit est beau
Ou sale. Mais rien ne change la nature d'un agneau.

Le monde nous effraie par ses faces débridées
Qu'il maquille et qu'il combine en une.
Le temps passe et elles deviennent démodées
Sans que meurt leur éternelle lacune.
Mais notre vie est notre unique lune.

Bukavu, 23 mai 2019

FIN MAI

(À Elizabeth Cihusi, à toutes les mères)

I

De fois, comme dans un songe cauchemardeux
Et comme dans un pays planant dans son mystère
Je vois de loin dans le brouillard hasardeux
Un ange inconnu qui prend la forme de mère.

Il abat près de lui (comme David) un Goliath
Protégeant à son contour une contrée diamantée,
Vêtu d'une robe comme Marie de Nazareth.
Une histoire que j'écris et qui n'a jamais été contée.

C'était une mère qui me regardait de ses yeux arrogants
L'air était miellant. Sa denture était jeune

Son sourire qui frustrait les diables ennuyants
Montrait que sa force voilait sa peine.

Contemplant par ses ailes dans une lourde tempête,
Elle pleure, je vis ses yeux enfantins et onctueux
De joie, elle me tenait et secouait ma tête
Ses larmes furent les miennes, sa vision fut mes yeux.

Seulement, regardant mes heures méprisées,
Elle écrit sur ses pages grandioses une histoire
D'un seul coup elle rabat mes fautes maîtrisées
Et paye les cassures vétéran de ma mémoire.

II

Ami, la vie de mère est un délice qui répare
Le trajet faiblissant la route diffuse et éblouie.
Quand les pièges noient le monde je la compare
Comme dans des tourmentes à un parapluie.

Bukavu, mai et juin 2016

MARDI DE NOVEMBRE

Je vis dans mon propre monde, je le pressens
Souvent quand les paroles de chaque humain
A mes côtés qui s'assoie et me tient la main
Deviennent infondées. Et j'aime tous mes sens.

Jeune comme un rocher du dessous des eaux,
Mon cœur sourit lorsque la joie remplace
Dans la joue d'un malheureux qui se déplace
L'amertume vieille comme la mer et les roseaux.

Amis, si vous aidez quelqu'un à tenir ses choix
Ne devenez ceux qui avalent ses actes
Et qui répondent quand deviennent inexactes
Les comparutions qui lui ôtent toutes ses voix ;

Vous faire porter un képi est l'arme du paresseux,
Partez dès qu'il vous accuse de ne rien faire
Pour soustraire ses pleurs afin de vous faire taire.
Partez sans revenir, partez et vivez heureux.

Bukavu, 17 novembre 2020

DEBUT MAI

I

Sitôt que je te vis venir vers moi, - délaissé
Je me crus cette fois l'ayant droit du bonheur
Je me sentis comme un enfant victime froissé
Entre les muscles difficiles de ton cœur ;

Hélas, que n'y eus pas tiré profit.
C'est moi, s'il faut donc que je ne mente
Ou que je couronne tout ce que je t'ai dit
Qui meurt en héros ton cœur tourmente.

Ainsi je fouille les bouches qui disent : je t'aime !
Car un cœur qui aime des bontés des cieux,
Offre un colis des preuves opulentes, minime
Mais a une porte sur les fenêtres des yeux.

Tu verras ce que le monde a de plus suffocant,
Chacune des journées qui nous sont fortuites
Vient parfois d'un vilain univers choquant
Où on apprend à détruire ses conduites.

Un jour ils te diront haut que je t'ai aimé,
Que je me battais espérant retrouver un cœur,
Que la clef qui laisse mon visage fermé
Laisse fuir les rendez-vous d'une âme sœur.

Tu ne m'aurais guère laissé envahi de stresse
Sachant de loin ta vraie place concrète,
Et je ne veux plus que notre secret progresse
Car je suis ouvert et toi tu es discrète.

Un jour tu diras qu'il y a quelqu'un qui adore
Te voir souffrir pour la chose que tu as choisie.
Et tu croiras aux traitres que tu aimes encore
Par ton cœur trompeur et ta discrétion saisie.

Je songe, je ris, je souris et j'ai grand tort
De croire qu'un jour nous construirons ensemble
Une vie normale, de paix, de vie et de mort
Sur cette Terre vielle qui tremble.

Tard dans ta niaiserie, tu te souviendras de moi
J'oserai t'attendre, j'oserai contrer tes maux
Et ce qui ressemble au mal autour de toi
Et remède sera à ton amour faux.

Mais je ne plus offrir mon âme à l'insuccès,
A voyager au fond d'un sentier désert
Comme si je mérite la haine à son excès
Qui déterre sans cesse mon regret.

Maintenant que je peux à jamais t'oublier
Que je ne vois plus tes lourds messages,
Je vais forcer mon cœur à ne plus publier
L'amertume qui ronge tous ses passages.

II

Va voir ceux qui occupaient tes grandes pensées
Par tes beaux yeux percés des trous noirs
Va. Ce sont les vielles fleurs qui sont sensées
Reconnaître ce qui se passe tous les soirs.

Et si véritable justice devra être faite, va
Jouer des rôles que tu rêves embrasser,
Vivre une vie qu'un jour lointain rêva
Ton cœur. Et moi, tu te mis à me stresser.

C'est le monde qui inflige ses résultats
A qui veut chercher à ne plus y séjourner.
Il a en sa patrie ses propres consulats
Qu'il ordonne depuis toujours à se prosterner.

Une écrire gigantesque sur ta face déçue
Voudrait que tu te construises une belle autre,
C'est pour ça, parait-il que tu as été conçue,
Les joies étaient siennes mais la douleur est nôtre.

Les bons hommes vivent pour pardonner

Les mauvais croient remplir une sauce de poisons
Dans le cœur de ceux qui veulent ordonner
Leur vie pour l'offrir à des infinis horizons.

L'on me dit que, qui aime manifeste.
Et qui n'aime pas dévalorise
Comme un méchant qui pour rien déteste
Et pour son bien uniforme divise.

Va dire à tout le monde que tu es cet être
Que je garde intact dans mon univers de roue
Et qui me prend sans relâche pour un traitre
Qui ne comprend pas pourquoi il échoue.

Ils te comprendront. Ils t'aimeront. – Je cois.
La douleur frappe notre fond autant que la chair,
Mais je pose mes pieds à enseigner des lois
Qui sont nées sous un étrange air.

Mai 2016

MERCREDI DE JUILLET

Quand des questions te sont posées par parole
Réponds sans frein, sans trouille et sans parabole.

Et quand ils t'en adressent de leur foi par le fait
Réponds avec un cœur lourd et non stupéfait.

Les anges supportent tout : la rage étrange,
L'égoïsme humain,... mais tu n'es pas un ange.

Les enfers sont un monde ouvert à la Terre,
Et l'homme, un soulard qui empoisonne son verre.

Prends à jamais soin de ton intrépide visage,
Plus il vieillit, les problèmes grandissent en âge ;

Le diable en a créé pour dialoguer avec le monde,
Alors l'homme prit le bateau et lui prit l'onde.

Les anges prirent les amours et lui prirent les choses
Quand l'homme fit la bière, il lui laissa les doses.

Oui, le mal est en ses songes un robuste atout.
Quand il prit les choses, Dieu avait déjà tout.

Lucifer mit les mauvais allènes dans sa bouche,
Dieu offrit alors de limite à ce qu'il touche.

Dieu est le seul, assis sur des années qu'il compte
Comme un marchand richard voit sa faveur prompte,
Qui nous fait peur car il nous connait. Il nous dit
Ce que personne jamais ne dit. Sa parole prédit
Ce qui se passe entre les mondes et entre les cieux,
Son regard rend l'avenir des âges précieux.

Bukavu, 9 juillet 2020

ESTO MEMOR

Difficile de dire devant moi, pointant mon visage
Que je chante comme un ivre de rage,
Mais tachez de dire après mon doux départ
A ma mère que dans la difficulté j'ai fait ma part.

Les collines sont dures, j'ai voulu les échapper.
C'est via moi que l'humain veut développer
Son soleil empoisonnant leurs temps jaloux
De mon passage vers des moments les mieux doux.

Le monde dans son envoutement n'est pas immortel
Aux faux anges qui construisent leur propre autel :
Tachez de dire après mon humble départ
A la vigne infinie que j'ai bu ma part.

La Terre est un large champ d'épines suspendues
Son orage déjoue ses températures perdues,
Le jour vieillissant dans sa crise apparente
Regarde au-dessus des fleurs le mort qui chante.

Je contemple l'homme ignorer qu'il sacrifie
Sa demeure inconsolée pourvu qu'on le glorifie.
N'enviez pas Lumumba après son sacré départ,
Tachez de vous souvenir qu'il a fait sa part.

Les héros ôtent leurs shirts et se couvrent de vidange
Pour ressembler aux infirmes qui n'ont aucun linge
Pour se couvrir leur être ici-bas mal détaillé,
J'ai vu pleurant, Heri Barthelemy impayé.

Peuple d'Afrique dans ton impasse, s'étant débarrassé
Pour l'intérêt du colon, de ton misérable passé :
Tache de dire au futur qu'avant son héroïque départ
Kadhafi, trahi par ses compères, eut fait part ;

Tu oublies tous ces pillages et tu pars à la pêche
Amasser de petits poissons. Ton froideur est fraîche
Dans tes villes mais tes villages ont de faux
Rivages, de pires vents et de mauvais troupeaux.

Les milles collines à l'Est de ma ville natale
Connaissent de près qui a leur hache triomphale ;
Le printemps de sang qui a brulé Tunis
Ne dira rien aux morts innocents restés impunis.

Le sang coule dans les rues de Bamako et de Goma,
Avant de réclamer les rives poissonneuses de Kigoma,
Devant les enfants en besoin d'un nouveau départ
Diras-tu à voix haute que tu eus fait ta part ?

Bukavu, avril 2016

Table des Matières

Printed by Books on Demand GmbH, Norderstedt / Germany